«The moose is loose.»
«Der Elch ist los.»
Kanadisches Sprichwort

Beat Kuhn
Christine Schönbächler-Michel

Ziemlich wild

Die Familie Schönbächler und ihr Leben
am Rande der Zivilisation

Verlag W. Gassmann AG

Impressum

Verlag: W. Gassmann AG
Autor: Beat Kuhn
Co-Autorin: Christine Schönbächler-Michel
Fotos: Christine Schönbächler-Michel, Katrin Keller, Stephanie Wayman, Yvonne Krebs, SF, David Theiler, Stihl

Grafik-Design: Reto Flühmann
Reproduktionen und Druck: gassmann print, Biel
Einband: Buchbinderei Burkhardt AG

© W. Gassmann AG Druck und Verlag, 2012
Alle Rechte vorbehalten.
ISBN 978-3-906140-98-8

Inhaltsverzeichnis	7	Vorwort
	8–13	Ein Mädchen hat es nicht leicht
	14–19	Ein Bub mit festen Zielen
	20–27	Zwei Nordamerika-Fans finden sich
	28–43	Das Auswandern
	44–51	Wie man Fernsehstar wird
	52–59	Das Geheimnis des Erfolges
	60–69	Wo der Rand der Zivilisation ist
	70–79	Eine kleine Welt für sich
	80–87	Neustart
	88–97	Kinder im Paradies
	98–107	Aus dem Wald leben
	108–115	Ein Sturm zerzaust Träume
	116–128	Bären als Nachbarn

Was im Fernsehen nicht zu sehen war

Als die Schönbächlers noch in Biel lebten, kannte man sie höchstens in der Region ein bisschen. Sie waren die, welche an den Weihnachtsmärkten die beliebten grossen Holzsterne verkauften. Dann aber wanderten sie nach Rosswood in der Wildnis Westkanadas aus. Und seither kennt sie die ganze Schweiz.

Bis zu 700 000 Zuschauerinnen und Zuschauer sahen sie in der zweiten und dritten Staffel von «Auf und davon», der erfolgreichen und preisgekrönten Auswanderer-Serie des Schweizer Fernsehens. Sie waren die Publikumslieblinge, und Familienoberhaupt Hermann Schönbächler wurde sogar als «Kult-Star» apostrophiert.

Dieses Buch will zeigen, was im Fernsehen nicht zu sehen war. Es zoomt näher ran und leuchtet mehr aus. Auch bietet es Spannendes über das Leben am Rande der Zivilisation, das Christine und Hermann Schönbächler mit ihren Kindern Natascha, Richi und Alexandra führen. Wer das Buch liest, erfährt die ganze Geschichte der Familie.

Beat Kuhn, der als Lokalredaktor beim «Bieler Tagblatt» mehrfach über die Auswanderer berichtete, hat das Buch in Zusammenarbeit mit Christine Schönbächler geschrieben. Bedingt durch 8500 Kilometer Distanz und neun Stunden Zeitverschiebung zwischen Biel und Rosswood, ist es auf unkonventionelle Weise entstanden. Zunächst schickte der Journalist per E-Mail Fragen nach Kanada, die Christine Schönbächler ebenso schriftlich beantwortete. Dann führte er mehrere Gespräche mit Hermann Schönbächler, als dieser im Juni 2012 in der Schweiz weilte. Und schliesslich war er Anfang August 2012 eine Woche bei der Familie zu Gast. Christine und Beat haben gegenseitig die geschriebenen Texte gegengelesen, ergänzt und korrigiert.

Die meisten Bilder – mit wenigen Ausnahmen – stammen von Christine Schönbächler, deren Hobby das Fotografieren ist.

Ein Mädchen hat es nicht leicht

Die Geschichte der Christine Michel

Ladys first – beginnen wir bei Christine, die im Fernsehen etwas im Schatten von Hermann stand. Sie, die heute so unbeschwert wirkt, hatte alles andere als einen guten Start ins Leben. Sie kam 1973 in Hombrechtikon am Zürichsee zur Welt, als Christine Michel – französisch ausgesprochen, denn ihr Vater Pierre war frankophon und stammte aus Fribourg. So war die erste Sprache, die sie lernte dann auch Französisch. In die Deutschschweiz verschlagen hatte es die Familie aus beruflichen Gründen: Der Vater war an der ETH Zürich tätig, wo er als Textilingenieur arbeitete, forschte und lehrte. Leider lebten sich die Eltern früh auseinander, und als Christine zwei Jahre alt war, verliess die Mutter die Familie.

Sehr unstete erste Lebensjahre

So war ihr Vater ab ihrem zweiten Lebensjahr alleinerziehend. Er musste aber natürlich arbeiten und konnte sich deshalb unter der Woche nicht selbst um sie kümmern. Bis zu ihrem achten Lebensjahr war Christines Lebenssituation sehr unstet. Aus verschiedenen Gründen musste für sie immer wieder eine neue Lösung gefunden werden, wurde sie in diversen Pflege- und Tagesfamilien untergebracht. Die Wochenenden verbrachte sie aber weiterhin beim Vater.

Erst als sie acht war, endete diese Odyssee, denn ab da konnte sie bis zur Schwelle zum Erwachsenenalter bei Erna und Werner Keller und deren vier Kindern Claude, Martin, Roger und Sibylle in Hombrechtikon leben. Auf einen Schlag hatte sie nun drei Brüder und eine Schwester. Sie war die Jüngste. Endlich hatte Christine ein richtiges Zuhause und durfte Familienzusammenhalt erleben. Erstmals kam eine gewisse Stabilität in ihr Leben. «Gott sei dank durfte ich dorthin!», sagt sie noch heute, mit 39 Jahren. Und wenn sie von ihrer Herkunftsfamilie spricht, meint sie die Kellers, denn: «Familie ist für mich nicht, was auf dem Papier steht, sondern was im Herzen ist.»

Ihren leiblichen Vater besuchte Christine weiterhin regelmässig, sein Haus war ganz in der Nähe. Einen guten Kontakt, der bis heute anhält, hatte sie zudem zu einem Bruder ihres Vaters und dessen Frau sowie zu den Cousins und Cousinen ihrer Westschweizer Familie.

Ihre anfangs schwierige Kindheit hat Christine zu dem gemacht, was sie heute ist. Sie hat früh gelernt, selbstständig zu sein, sich immer wieder neuen Situationen anzupassen und das, was ist, als gegeben zu akzeptieren. Dass sie diese Eigenschaften einmal für das harte Leben in der kanadischen Wildnis würde brauchen können, konnte sie damals nicht ahnen. Aber so haben die schweren Lebensprüfungen, denen sie als kleines Mädchen ausgesetzt war, wenigstens im Nachhinein einen Sinn gehabt.

Bei den Kellers fand Christine aber noch in einem anderen, höheren Sinne Geborgenheit. Bei ihnen, die in der evangelischen Täufergemeinde Stäfa aktiv sind, lernte sie nämlich gelebtes Christentum kennen. Und seither spielt der Glaube in ihrem Leben eine grosse Rolle. «Als Teenager habe ich die tiefe Gewissheit erlangen können, dass Gott jeden Menschen liebt und annimmt, egal was für eine Vergangenheit er hat.»

Mit 18 Kanada entdeckt

Schon früh wurde das Reisen zu einer Leidenschaft von ihr, und so nutzte sie die Zeit zwischen dem Ende der Schulzeit und dem Beginn der beruflichen Ausbildung unter anderem zu zwei Auslandaufenthalten. Zunächst verbrachte sie fünf Monate als Mädchen für alles in einem Kinder-Ferienhaus in Mittelitalien. Dann folgten diverse Anstellungen im hauswirtschaftlichen Bereich und im Sommer 1991 folgte ihr erster Aufenthalt in Kanada.

Einerseits reiste sie in diesem riesigen Land umher. Andererseits arbeitete sie zweieinhalb Monate lang in einer Lodge, einem Landhotel, in der Provinz British Columbia – in der sie heute lebt. Diese Lodge lag an einem See, wo es nur wenige Nachbarn gab, und die nächstgelegene Stadt, Williams Lake, war etwa 60 Kilometer entfernt. Damit bekam sie einen Vorgeschmack auf ihre heutigen Lebensumstände.

«Dieser Aufenthalt war wegweisend», sagt Christine. Tief beeindruckt von Land und Leben «ausserhalb der Menschenmassen», kehrte sie in die Schweiz zurück. Seit damals hatte sie den festen Wunsch, Kanada intensiv zu bereisen und eventuell sogar einmal

dort zu leben. Zwar gefiel es ihr auch in den «wunderbaren Schweizer Bergen» und in anderen Bergregionen Europas. Doch immer wieder zog es sie wie ein Magnet nach Nordamerika, also nach Kanada oder in die USA.

Als Jugendliche nähte sie sehr gerne, doch wollte sie nach der Schule dann doch nicht Schneiderin werden, sondern entschied sich für die Ausbildung zur Krankenschwester. Diese Ausbildung absolvierte sie an der Krankenpflegeschule in Männedorf am Zürichsee. Für ihr späteres Leben in der Abgeschiedenheit sollte sie dann beide Interessen gut gebrauchen können.

Nach einigen Jahren Arbeit im Spital Männedorf, wechselte Christine auf die Notfallstation des Spitals Uster. Und ein knappes Jahr später fand sie eine spannende Anstellung auf der Notfallstation des Universitätsspitals Zürich. Dazwischen folgten immer wieder Reisen nach Nordamerika, wo sie mit Leidenschaft fotografierte, reiste und wanderte. Daneben pflegte sie jahrelang ihren Vater, weil dieser gesundheitlich stark angeschlagen war, und verwaltete sein Haus.

Ein Bub mit festen Zielen

Hermanns Lehr- und Wanderjahre

Hermann ist am 14. Juli 1966 auf die Welt gekommen. Er wuchs in Waltwil auf, einem Teil der Gemeinde Wengi bei Büren. Mit seinem 1½ Jahre jüngeren Bruder Rudolf, Mutter Elisabeth und Vater Hermann wohnte er im Bauernhaus seines Grossvaters. Die junge Familie baute dann nebenan ein Einfamilienhaus, in dem Hermann den Rest seiner Kindheit und Jugend verbrachte. 1975 wurde die Familie noch mit Schwester Barbara komplettiert.

Vater Hermann arbeitete zuerst in der Ziegelei Rapperswil, später beim Strassenunterhalt des Kreises III. Er hatte den Kindern die Liebe zur Natur beigebracht als sie noch klein waren.

Er hat die Jungs zum Holzen, Pilzlen und Mäusefangen mitgenommen und ihnen von klein an alles in der Natur erklärt, so gut er konnte.

Inspiriert durch ein einsames Blockhaus

Ihr Zuhause war nur 100 Meter von Bach und Wald entfernt. Das war Hermanns Spielplatz. Schon als vierjähriger wollte er Förster werden. Der Vater durfte dies leider nicht mehr erleben, er verstarb 1990 im Alter von erst 53 Jahren an Krebs.

Seine Leidenschaft für Nordamerika, insbesondere den Borealen Waldgürtel, die Tundra und die Arktis, führt Hermann auf die «Lektüre einiger guter Bücher» zurück. So verschlang er als Bub Literatur über das Entdecken und das Leben in diesen Breitengraden.

Den stärksten und nachhaltigsten Eindruck hinterliess bei ihm das Buch «Einsames Blockhaus». Darin schildert die amerikanische Schriftstellerin Kathrene Pinkerton (1887–1967), wie sie als junge Frau mit ihrem Mann und später mit einem Kleinkind in der kanadischen Wildnis lebte.

Familiäre Veranlagung für Kanada-Träume

Es stellte sich heraus, dass Hermanns Mutter die besagten Bücher in ihrer Jugend selbst gelesen hatte. Damit nicht genug: «Als ich jung war, wollte ich selbst nach Kanada auswandern», offenbart Elisabeth Schönbächler, «nur liessen es die Umstände damals nicht zu.»

Durch die Literatur der Jugendjahre wurden Hermanns Berufswünsche vorübergehend auch noch abenteuerlicher: trappen (Fallen stellen), jagen, fischen, Gold suchen und sich in der Mitte vom Nirgendwo ganz selbst versorgen, das sollte es sein. «Etwa so, wie ich es jetzt kann.» Er machte sogar Zeichnungen und Pläne wo die Hütte sein sollte, wo die Felder und wo gefischt, gejagt und die Fallen gestellt werden sollten.

Nach der Schule machte er von 1982 bis 1985 die Lehre als Forstwart und arbeitete dann drei Jahre in einem Forstbetrieb, bevor er sich entschloss in Salem, Oregon (USA), eine Bibelschule zu besuchen. Dort lernte er Marshall Adams kennen, den Vater einer Studentin der Schule. Ein Holzfäller, Baumkletterer, Jäger und Fischer wie aus den guten Büchern der Jugendzeit. In den fogenden Jahren verbrachte

Hermann sehr viel Zeit mit den Adams in Amboy. Bei Marshall erlernte er gute Baumfälltechniken, die Baumkletterarbeit, das Jagen und Fischen. Dort kam Hermann auch das erste Mal mit dem Sportholzfällen in Kontakt.

Er wollte auch dorthin übersiedeln, aber da war einfach kein Visum und keine Anstellungserlaubnis der Behörden zu bekommen.

Die Jahre 1989/1990 könnte man als Lehr- und Wanderjahre bezeichnen. In der Schweiz hat Hermann als Stalltechnikmonteur, Holzer, Melker oder sogar als Mechaniker gearbeitet. Immer wieder packte er die Taschen und es zog ihn nach Skandinavien oder an die Westküste des amerikanischen Kontinents.

1991 hat Hermann dann an der Försterschule Lyss als eidgenössisch diplomierter Förster sein Berufsziel erreicht. Im Jahr 1992 folgte das grösste Abenteuer. In der Zeit als Hermann bei den Adams in Amboy war, hatte er sich auch einen Freundeskreis aufgebaut, und just zwei der besten Freunde arbeiteten jetzt als Buschpiloten in Alaskas Arktis und setzten alles daran, Hermann zu überzeugen, den Sommer bei ihnen zu verbringen. Also reiste er Mitte Juni wieder nach Amboy, kaufte sich ein Auto, lud sein Boot aufs Dach und füllte das Auto mit Grundversorgung für zwei Monate, der Campingausrüstung, dem Mikrowellenofen und dem Fernseher der Freunde. Kaum ohne anzuhalten fuhr er durch ganz British Columbia, über den Cassiar Highway auf den Alaska Highway, über den Dalton bis nach Coldfoot, dem nördlichsten Truckstop der Welt.

Dort wurde alles aufs Boot geladen, um dann nach zwei Tagen Flussfahrt Bettles zu erreichen. Dort konnte Hermann dann während zwei Monaten leben und mitarbeiten – und wann immer sich die Gelegenheit ergab, liess er sich irgendwo ausfliegen, um sich dann zu Fuss zum nächsten Treffpunkt durchzuschlagen. Die schönste Zeit waren wohl die zehn Tage alleine an einem See mitten in der Einsamkeit Alaskas.

Zwei Nordamerika-Fans finden sich

Auf dem Skilift kennengelernt

Im bündnerischen Cumbels im Jugendskilager «Juwila» der evangelischen Täufergemeinden haben sich Christine und Hermann im Winter 1991/1992 kennengelernt. Hermann kannte Christines «Brüder» bereits; Claude leitete damals das Lager und hatte Christine eingeladen. Auf dem Skilift haben sie ihre Faszination für Nordamerika ausgetauscht und sofort war eine Freundschaft entstanden. Hermann trug schon damals einen Bart, es war ja Winter. «Ich habe ihn also schon mit seinem heute so viel diskutierten Markenzeichen kennengelernt», sagt Christine und lacht. Der Zufall wollte es (echt wahr), dass sie an einem Abend die restliche Gruppe verloren haben und es zu einem gemeinsamen Nachtessen in Ilanz kam, wo sie über ihre Lebenseinstellung, Ideen und Träume plauderten und dabei viele Gemeinsamkeiten entdeckten. Einige Jahre hatten sie noch Kontakt, verloren sich dann aber wieder aus den Augen.

Liebe auf den zweiten Blick

Im Frühling 2001 hat sich Hermann bei Christine gemeldet. Er hatte in einer Zeitschrift einen Bericht gelesen, den Christine verfasst hatte. Sein Interesse war geweckt, herauszufinden was aus Christines Jugendträumen nun geworden sei. Einige Besuche, Gespräche, Spaziergänge, Telefonate und Nachtessen später war klar: Sie hatten noch immer die gleichen Ideen und Ziele und die wollten sie nun gemeinsam anpacken. Oft sind die beiden nun zusammen mit dem Rucksack in den Schweizer Bergen unterwegs und pendeln zwischen Biel und Meilen hin und her.

Nachdem Christine auf der Notfallstation des Spitalzentrums Biel eine Stelle gefunden hatte, zog sie Ende 2002 nach Biel. Nur eine Woche vor dem Umzug ist Christines Vater verstorben und so kamen zu dem Umzug auch noch die Beerdigung und die Organisation des Nachlasses dazu. Christine war nun die Besitzerin des Hauses, welches sie später an die Mieter verkaufen konnte.

Im Frühjahr 2004 heirateten Christine und Hermann. Die Hochzeitsreise führte – natürlich – nach Kanada. Mit Reisen, Wandern, Kanufahren und Besuchen bei Freunden gingen die vier Flitterwochen wie im Fluge vorbei. Während dieser Reise wurde ganz konkret über das Auswandern gesprochen.

Das frischgebackene Ehepaar suchte nach einer Möglichkeit, Geld für seine Zukunftspläne sparen und trotzdem weiterhin reisen zu können. Diesen «Fünfer mit Weggli» fanden die Beiden, indem sie eine einfache Wohnung im Fuchsenried-Quartier mieteten. Dieses ist nicht gerade das Villenviertel von Biel – um es mal so zu sagen. «Wir passten nicht wirklich ins Fuchsenried», meint Christine, «doch wollten wir eben so billig wie möglich leben.» Zudem erinnerte die nahe gelegene Taubenlochschlucht die Schönbächlers zumindest ein bisschen an Kanada. Es war für die Beiden auch praktisch, dort zu wohnen, denn nur fünf Gehminuten entfernt hatte Hermann seine Firmenräumlichkeiten, sprich seine Werkstatt und sein Lager. Büroarbeiten wurden zu Hause erledigt.

Sich aus Not selbstständig gemacht

Nach der Ausbildung zum Förster hatte Hermann wegen der damaligen Rezession keine entsprechende Anstellung gefunden. Da machte er aus der Not eine Tugend und hat 1993 das Wagnis auf sich genommen, selbstständiger Forstunternehmer zu werden.

Er bot Wald- und Baumpflege an und führte einen Versandhandel für Forstarbeitsutensilien wie etwa Motorsäge-Ketten und Schnittschutzhosen. Zudem verkaufte und flickte er Kettensägen. Besonders eng arbeitete Hermann mit der Burgergemeinde Biel zusammen, der ein stattlicher Teil der Waldungen um Biel herum gehört. Für sie machte er auf Mandatsbasis Jungwald- und Baumpflege. Seine Werkstatt und sein Lager befanden sich gleich neben deren Werkhof.

Eine Spezialität von Hermann war das Fällen von Bäumen, die aus Platzgründen Stück für Stück heruntergesägt werden mussten, meistens mit der sogenannten Langseilkletter-Technik. Dies zum Beispiel einmal vor dem Bieler Regionalgericht oder beim Bahnhof, in unmittelbarer Nähe von tödlichen 16 000 Volt. «Einen Baum stückweise zu fällen, das ist das Verwegenste, was es gibt», sagt Hermann, der als passionierter Bergsteiger für solche Spezialaufträge natürlich prädestiniert war.

Hand in Hand mit Hermanns handwerklichen Begabungen entwickelten sich dann noch andere berufliche Zweige. So begann Hermann 2001, Holzskulpturen zu schnitzen. Dies tat er freilich nicht mit einem Schnitzmesser, sondern mit der Motorsäge. Dafür gibt es spezielle Schnitzgarnituren. Verkaufen konnte er die Figuren privat und durch den Verkaufsstand «la Cabane» der Burgergemeinde.

Im selben Jahr begann er auch damit, das Sportholzfällen als Leistungssport zu betreiben. Da er Talent besass, hatte er Erfolg und sicherte sich so immer wieder mal eine Siegesprämie.

Nach der Heirat arbeitete Christine neben ihrem Job im Spitalzentrum Biel im Geschäft mit. Dabei half sie nicht «nur» im Büro, sondern auch bei der Baumpflege. Sie lernte auch mit der Kettensäge umzugehen und zeigte dabei besonderes Geschick. Zudem flickte sie zu Hause Arbeitskleidung für die Burgergemeinde.

 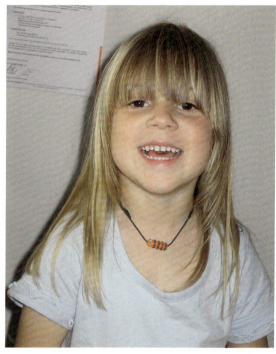

Durch das Dickicht der kanadischen Bürokratie

Ende 2004 wurden die Auswanderungspläne konkret: Die Schönbächlers fingen an, die Unterlagen für den Visumsantrag nach Kanada zusammenzutragen. «Wir wollten weg», so Hermann, «weg aus der engen, bünzligen, Keiner-lässt-den-andern-machen-wie-er-will-Schweiz!»

Ehe sie das Visum überhaupt beantragen konnten, hatten die Schönbächlers in einer Art Rating-Verfahren buchstäblich «punkten» müssen. Punkte gab es zum Beispiel in den Bereichen Ausbildung, Berufserfahrung, Familienverhältnisse oder Sprachkenntnisse. Nur wenn man die vorgeschriebene Mindest-Punktzahl erreicht, macht es überhaupt Sinn, die Dokumente einzureichen. Ehe sie «all die tausend Unterlagen», so Christine, ans Konsulat senden konnten, mussten sie diese dann noch von einer Stelle in Kanada begutachten lassen.

Am 1. Juni 2005 kam Natascha Michelle Grace in Biel zur Welt. Im gleichen Monat holte sich Hermann in den Flumserbergen ein erstes Mal den Schweizermeister-Titel im Sportholzfällen. Christine ging nach dem Schwangerschaftsurlaub nicht mehr ins Spitalzentrum zurück, sondern war nun vermehrt für das Geschäft tätig. Zudem begann sie ebenfalls mit dem Motorsägen-Schnitzen von Skulpturen.

Der Visumsantrag für Kanada lag mittlerweile beim kanadischen Konsulat in Paris, wo sämtliche Einwanderungsbegehren aus Europa bearbeitet werden.

Das Konsulat arbeitete eher langsam, und schliesslich lief der Scheck, den die Schönbächlers schicken mussten – «natürlich war jeder Schritt zu bezahlen» – ab, die Unterlagen wurden retourniert. Das war für die naturbezogenen Bieler, deren Geduld eh schon strapaziert war, sehr frustrierend.

Sie setzten ein zweites Mal an – und diesmal konnten sie die Gebühren per Banküberweisung entrichten. Sie schickten den ganzen Stapel erneut nach Paris. «Dann hörten wir erst einmal laaaaange nichts mehr», so Christine.

Am 23. August 2007 erblickte Richard Joseph Sky das Licht der Welt. In jenem Jahr wurde Hermann bereits zum dritten Mal Schweizer Sportholzfäll-Meister und war an der Europameisterschaft zum sechsten Mal auf dem Podest. Zudem wurde er Dritter an der Weltmeisterschaft. Als weitere Diversifizierung des Familienunternehmens kam damals der Verkauf der Schnitzereien an Weihnachtsmärkten in Biel und Region hinzu.

Nicht hinzu kam dagegen die Genehmigung des Antrages. Der lag noch immer beim Konsulat in Paris.

Damals bestand noch nicht die Möglichkeit, den Status des Antrages online mitzuverfolgen, wie man es heute kann. «Das war etwas nervenaufreibend, da wir nie wussten, woran wir waren: Ist alles in Ordnung, und wie lange dauert das Ganze wohl noch?»

Das Auswandern

Schweiz – Kanada einfach

Im Frühling 2009 «ging» dann endlich etwas: Der ersehnte Aufruf zum medizinischen Test kam! Ein Vertrauensarzt untersuchte die ganze Familie, prüfte sie sozusagen auf Herz und Nieren, inklusive Blutentnahme und Röntgen – sogar bei den Eltern. Die Resultate wurden nach Paris gesandt. Wieder musste gewartet werden – diesmal jedoch nicht mehr allzu lange: «Nur» einige Wochen später kam bereits die Aufforderung, die Pässe nach Paris zu schicken.

Das Auswandern

Am kanadischen Nationalfeiertag Einreisevisum erhalten

Just am 1. Juli 2009, dem kanadischen Nationalfeiertag, kam das Visum in Biel an. Nun musste die Familie innert sechs Monaten in Kanada einreisen. Somit stellte sich die Frage: Gleich die Koffer packen und aufs Geratewohl einreisen, ehe die sechs Monate um waren? Oder erst auf Erkundungstour gehen, den Papierkram erledigen und dann zum Packen und zur Geschäftsübergabe nochmals in die Schweiz kommen? Christine und Hermann entschieden sich für die zweite Variante.

Während der ganzen Wartezeit hatten sich die Beiden im Internet immer wieder nach Immobilien und Arbeitsmöglichkeiten umgesehen. Nun wurde es ganz konkret. «Je intensiver wir forschten, desto weiter Richtung Norden führte uns die Suche.» Durch ein interessantes Immobilienobjekt stiessen sie auf die Region um die Kleinstadt Terrace in der Provinz British Columbia, ganz im Westen Kanadas. Diese Region faszinierte sie. Auch schien dort Handholzerei betrieben zu werden, also das gewerbsmässige Fällen von Bäumen mit der Kettensäge statt mit der Maschine. Dort konnte Hermann also Arbeit finden. Sie versuchten erste Kontakte zu knüpfen, und entschieden sich, Mitte September in den Nordwesten von British Columbia zu reisen. Dort wollten sie die Region im Allgemeinen sowie die Immobilien- und die Arbeitssituation im Besonderen unter die Lupe nehmen.

Dann gings ans Organisieren des Papierkrams für die Einreise, denn das Ziel war, bei der Einreise die dauerhafte Aufenthaltsbewilligung als «Permanent Residents» zu erhalten. Später einmal möchten sie dann den Pass beantragen und kanadisch-schweizerische Doppelbürger werden. Es wurde eine Liste von allem, was die Schönbächlers einzuführen gedachten, verlangt. Nur – diese hatten ja noch gar nicht gepackt, und das Geschäft war auch noch nicht verkauft! Also gingen sie durch Wohnung, Werkstatt und Lager und überlegten sich, was sie mitnehmen und was sie den jeweiligen Nachmietern übergeben sollten. Für Christine eine unschöne Erinnerung. «Keine einfache Sache, und es hat mich manche schlaflose Nacht gekostet, die geforderte Liste zu erstellen.» Bei der Einreise fragte dann allerdings gar niemand danach. «Da war ich zwar einerseits enorm erleichtert, aber andererseits auch ziemlich frustriert. So viel zum Thema Bürokratie und Realität!»

Sechs Wochen im Camper rekognosziert

Mitte September 2009 flogen die Schönbächlers mit den Kindern nach Kanada, um künftige Wohn- und Arbeitsmöglichkeiten zu prüfen. Bei der Einreise am Flughafen Vancouver ging alles problemlos. Nur waren die Kinder übermüdet, denn das Prozedere ging nach Schweizer Zeit mitten in der Nacht vonstatten, und das unmittelbar nach einem zehnstündigen Flug. «Dafür konnten wir den Flughafen als ‹Permanent Residents of Canada› verlassen – ein gutes Gefühl!», so Christine. Andererseits hatten sie damit noch nichts ausser einem Papier, das ihnen erlaubte, in Kanada zu bleiben.

Mit einem Mietauto machten sich die vier Schönbächlers im Raum Vancouver auf die Suche nach einem geeigneten Pick-up mit Camper-Aufsatz. Diese Suche war ermüdend, umso mehr, als alle mit Jetlag zu kämpfen hatten und Vancouver sehr weitläufig ist. Am vierten Tag fanden sie endlich etwas Passendes. Nun konnte es Richtung Norden losgehen. Das neue Gefährt sollte für die folgenden sechs Wochen ihr Zuhause sein. Ihr erstes «Heim» in Kanada war lediglich mit dem ausgestattet, was in acht Reisetaschen Platz gefunden hatte: Schlafsäcke, Campinggeschirr und Kleidung für den Herbst im Norden. Zum Glück gefiel den Kindern das Herumreisen und das Leben im Camper. Obwohl man unterwegs war, konnten sie jeden Abend ins selbe improvisierte Bett klettern.

Drei Tage benötigten die Schönbächlers für die Fahrt nach Terrace. In Williams Lake machten sie Halt und besuchten Freunde von Christine, die schon vor 20 Jahren aus der Schweiz ausgewandert waren. Am folgenden Tag trafen sie sich in Terrace mit ihrer Immobilienmaklerin Laurie – hier spricht man einander gleich mit dem Vornamen an. Zu ihr hatten sie schon einen guten Kontakt aufgebaut. Sie zeigte ihnen das Objekt, das sie im Internet interessiert und überhaupt erst auf diese Region aufmerksam gemacht hatte. Es gefiel ihnen auch in natura. Doch sie waren nicht so ganz überzeugt, dass es das Richtige für sie wäre.

So diskutierten sie vor Ort mit Laurie weiter und merkten immer mehr, dass diese die Gegend und die Leute hier bestens kannte. Sie gab ihnen die Namen und Telefonnummern von einigen Leuten im Holzerei-Geschäft. Dabei erwähnte sie auch Morgan, einen Freund von ihr, der eine Stunde nördlich von Terrace entfernt eine Waldpacht hatte und immer wieder Leute suchte, die für ihn arbeiteten. Allerdings hatte sie ihn schon über zwei Jahre nicht mehr gesehen, wie sie sagte. Nachdem man sich verabschiedet hatte, legte Laurie bei einem Restaurant einen Halt ein, holte sich einen Take-away-Kaffee und traf dabei auf Morgan…

Gesehen, geschlafen, gekauft!

Die Einwanderer erkundeten die Gegend weiter und kamen so auch nach Rosswood, das politisch zu Terrace gehört. Ein paar Tage später trafen sie sich mit Morgan. Schnell kamen sie mit ihm über eine mögliche Zusammenarbeit ins Gespräch und campierten ein paar Tage vor seinem Häuschen – seinen Hauptwohnsitz hat er indessen in der nahegelegenen Stadt Smithers.

«Nach einigen Tagen», so Christine, «stand für uns fest: Hier wollten wir bleiben.» Auch in Rosswood hatten sie per Internet ein Haus entdeckt, das ihnen zugesagt hatte. Also riefen sie Laurie nochmals an und trafen sich mit ihr. Vor Ort konnten sie sich überzeugen, dass das besagte Objekt über verschiedene Vorzüge verfügte: Es stand nicht direkt an der Hauptstrasse, war gut unterhalten, sauber und in bezugsbereitem Zustand. Ausserdem verfügte es über eine Werkstatt, hatte einen Garten und war umgeben von – durch einen Zaun abgegrenzten – Wald.

Christine und Hermann schliefen nur einmal drüber, dann war entschieden: Das ist es! Durch den Verkauf des Hauses von Christines Vater, aber auch dank geschäftlichen Erfolgen, harter Arbeit und tiefen Lebenshaltungskosten im Fuchsenried hatten die Schönbächlers die verlangten 250 000 kanadischen Dollars für das Haus samt neun Hektaren Wald drumherum zur Hand. Also, ab in die Stadt, Bankkonto eröffnet und Vertrag ausgehandelt! Schon am 9. Oktober waren die Schönbächlers offiziell Besitzer des Hauses. Die Vorbesitzerin blieb noch bis November dort wohnen. Für die Zeit bis zu ihrem Einzug beauftragten die Schönbächlers einen Nachbarn, der zum Haus schauen würde, sobald es leerstand.

Zurück in die Schweiz

Ende Oktober flogen die Schönbächlers wieder in die Schweiz, «schweren Herzens, denn irgendwie wärs schön gewesen, einfach grad zu bleiben», so Christine. Zu Hause versanken sie in Arbeit. Alles wollte für die Ausreise vorbereitet sein. Sämtliche Versicherungen sowie die Wohnung und das Telefon mussten gekündigt werden, das Geschäfts- und das Privatauto waren zu verkaufen. Gleichzeitig waren die Versicherungen für das Leben in Kanada vorzubereiten und Kontakte zu den diversen Anbietern von Wasser, Strom, Gas usw. herzustellen. Daneben stand die strengste – und gleichzeitig schönste – Zeit des Jahres an: die Zeit der Weihnachtsmärkte. Das wollten sie auf jeden Fall noch einmal machen. So waren sie mit ihren Kettensäge-Holzskulpturen ein letztes Mal auf verschiedenen Märkten im Seeland. Am 24. Dezember war «fertig Markt».

Am folgenden Tag ging zu Hause die grosse Packerei los. Christine und Hermann versuchten für die Kinder noch ein bisschen Normalität aufrechtzuerhalten. Mit jeder gepackten Schachtel wurde das aber schwieriger. Ab Mitte Januar waren die Kinder beim «Grosi», bei Elisabeth Schönbächler in Wengi. Hermann übergab das Geschäft seinem Nachfolger und räumte Werkstatt und Lager. Christine räumte die Wohnung, erledigte das Administrative und – erstellte wieder Listen...

Statt wie andere einen Container zu mieten, kauften sie gleich einen – 2300 Franken kostet so ein Ding. Sie durften ihn auf dem privaten Werkhof eines Bekannten abstellen. Jeden Tag machten sie nun einige Fuhren mit Zügelgut. Jede Schachtel, jeder Gegenstand musste mit einer Nummer versehen sein, die dann in die besagten Listen übertragen wurden. Daneben musste angegeben sein, was in der Schachtel war, ergänzt durch die Angabe des Wertes. Am 22. Januar 2010 verliess der versiegelte Container per Lastwagen die Schweiz. Der Abschied wurde mit zwei grossen Abschiedspartys gefeiert: einer in Wengi und einer in Hombrechtikon.

Am 25. Januar 2010 verliessen die Schönbächlers die Schweiz definitiv. Es sollte allerdings eine strapaziöse Reise werden, ein wahres Abenteuer. Christine schildert es eindrücklich:

«Nach einem langen Flug landen wir in Vancouver. Eigentlich hätten wir mit unserem Pick-up und Camper abgeholt werden sollen. Den haben wir in einer Garage in Vancouver eingestellt. Doch der Garagist hat das Auto nicht für uns einlösen und die Versicherung abschliessen dürfen. Das müssen wir selber tun. So nehmen wir in einem Hotel gleich neben der Garage, wo das Auto eingestellt ist, ein Zimmer. Am Flughafen kommen uns alte Freunde begrüssen – was für eine freudige Überraschung! Wir haben uns über zehn Jahre nicht mehr gesehen. Spontan bieten sie an, uns die 45 Minuten zum Hotel zu fahren. Das ist eine unerwartete Erleichterung.

Eine anstrengende Reise mit unangenehmen Überraschungen

Am nächsten Morgen sind alle früh wach. Wir können es kaum erwarten, bis um 9 Uhr endlich jemand bei der Garage erscheint. Wir können unser Gefährt und ‹Zuhause› in Empfang nehmen und werden gleich sehr unangenehm überrascht. Im Camper ist nämlich vieles grau geworden, vor allem die Matratze. Die drei Monate im feuchten Winterklima von Vancouver haben ihr gar nicht gut getan. Plötzlich sind wir froh, dass wir nicht damit abgeholt worden sind. Abends im Regenwetter mit müden Kindern wäre es höchst unerfreulich gewesen, dies zu entdecken.

Wir beschliessen, das Allernötigste für den Tag einzukaufen, Richtung Williams Lake zu fahren und dort weiterzuschauen. Unsere Freunde erwarten uns. Etwa eine Stunde vor dem Tagesziel passiert gleich vor uns ein schlimmer Unfall. Die Strasse ist gesperrt, ein Umfahren ist nicht möglich. Alle sind müde und hungrig, und wir haben nur noch einige Kleinigkeiten zu knabbern. Wir spielen und singen mit den Kindern. Natascha hat leichten Husten. Nach einer gefühlten Ewigkeit können wir die Unfallstelle passieren. In Williams Lake legen wir die mittlerweile schlafenden Kinder im Haus unserer Freunde in ein sauberes und warmes Bett. Wir räumen den Camper aus und fangen an, die grau gewordene Wäsche zu waschen: Kissen und Schlafsäcke, Frotteewäsche und einige Kleider. Die Matratze ist allerdings nicht mehr zu retten.

Nach einer kurzen Nacht gehen wir auf Matratzen-Jagd und finden auch etwas Passendes. Wir kaufen gleich für mehrere Tage ein und können gegen Mittag erfrischt weiterfahren. Trotz Winter sind die Strassen aper und gut zu fahren. In Burns Lake geraten wir dann aber in ersten Schneefall. Nataschas Husten ist schlimmer geworden. Wir gehen Chinesisch essen und fahren im Schneefall weiter. Wir möchten jene Raststätte finden, auf der wir drei Monate zuvor mal angehalten haben. Die Strasse wird schneebedeckt, und die Sicht nimmt rapide ab. Natascha hustet und hat nun auch Fieber. Auf der Raststätte kriechen wir müde in die Schlafsäcke und kuscheln uns aneinander. Um 4 Uhr morgens sind alle wach. Natascha hat immer noch Fieber und hustet stark. Auch spüren alle den Jetlag. Draussen schneit es noch immer Leintücher.

Ein Traum ist gerade in Erfüllung gegangen

Wir entscheiden uns, langsam weiterzufahren. Das schwere Auto bewährt sich im Schnee, sogar mit Camper. In Smithers gehen wir frühstücken. Drei Stunden später erreichen wir Terrace. Als erstes gehen wir der Maklerin ‹Hallo› sagen. Laurie freut sich enorm, uns zu sehen. Es sind noch eine Schneeschaufel, weitere Lebensmittel sowie Medizin für Natascha zu besorgen. Die Fahrt verläuft ohne weitere Zwischenfälle. Die Umgebung ist wunderbar winterlich weiss, und wir fühlen eine freudige Anspannung: Bald sind wir ‹zu Hause›... Bei unserem Nachbarn holen wir den Hausschlüssel ab. Er hat jemanden beauftragt, die 400 Meter Zufahrt zu unserem Haus zu pflügen. Als wir endlich das Türschloss überlistet haben, sind wir da: in unserem eigenen Haus, mitten im eigenen Wald, in Kanada. Ein Traum ist gerade in Erfüllung gegangen...

Doch das Haus ist leer und kalt – und Natascha ist krank. Auch Richi hustet inzwischen und hat Fieber. Wir machen Feuer im Ofen und bringen ‹Mätteli›, Schlafsäcke und Verpflegung ins Haus. Wir betten Natascha neben den Ofen und versorgen beide Kinder. Die schlafen bald einmal. Eine viertägige Reise liegt hinter uns. Das Wasser fliesst zwar, doch merken wir sofort, dass in der Küche eine Wasserleitung geborsten ist. Also bitten wir einen weiteren Nachbarn um Hilfe, und der flickt uns die Leitung ganz spontan. Wir haben sogar warmes Wasser – der gasbetriebene Boiler funktioniert also. Aber in der Dusche ist eine weitere Wasserleitung kaputt. Die können wir vorläufig ‹umgehen›, indem wir den Duschschlauch anders anhängen. Inzwischen ist das Haus wunderbar warm. Unser erstes Möbelstück ist ein alter, wackeliger Campingtisch, den wir in die Küche stellen.

Ankommen in der Wildnis

Die nächsten Tage verbringen wir mit gemächlichem Ausräumen des Campers und Einräumen des Hauses. Viel auszuladen gibt es ja nicht. Wir erkunden unser Land und lassen den Kindern Zeit, sich zu erholen. So lernen wir weitere Nachbarn kennen. Das Holz, das im Holzschopf liegt, ist nicht wirklich trocken. So besorgen wir uns bei Morgan einen Schlitten und gehen im Wald trockenes Holz suchen. Die Kinder spielen einfach mit dem, was vorhanden ist. Kartonschachteln regen ihre Fantasie mehr an, als ich mir hätte ausmalen können. Diese mutieren plötzlich zu Schlafsäcken, Zelten, Häusern, Tierheimen, Abfalleimer, Boote, Skis, Snowboards, Fischruten oder Gewehre zum Jagen. Gejagt werden dann Plüsch-Elche und Schafe, oder die Erwachsenen müssen als irgendwelche Tiere herhalten.

Eine erste Einkaufstour nach Terrace steht an: Matratzen für die Kinder, Nahrungsmittel, ein Telefon, ein Computer und ein Fernseher – wir wollen die Olympischen Spiele in Vancouver mitverfolgen, wenn sie schon im ‹eigenen› Land stattfinden. Ein paar Tage später wird das Telefon angeschlossen. Das Internet läuft über die Telefonleitung. Die nächsten Wochen geniessen wir einfach. Wir erkunden die Gegend, die Seen, Flüsse, den Wasserfall. Wir beobachten Adler, Elche, Kojoten und Eichhörnchen, sehen Wolf- und Hasenspuren und hören Eulen in der Nacht. Die Bären halten noch Winterschlaf. Wir sind wirklich in der Wildnis angekommen.

Das Auswandern

Neun Wochen später kommt der Container nach

Schnee hat es nicht viel. Das kommt uns sehr entgegen, denn wir haben vorerst keine Möglichkeit, selber Schnee zu pflügen. Die Kinder spielen mit dem Wenigen, was da ist. Es gibt keinen Streit um Geschirr und Besteck, denn es hat für jedes Kind genau einen Teller, einen Becher und einen Löffel. Hermann fängt an, für Morgan zu arbeiten. Die Arbeit gefällt ihm, die Wälder sind wunderschön anzusehen. Langsam schmilzt der Schnee. Ende März kommt der gebrauchte Traktor, den wir im Internet gefunden haben. Er ist in sehr gutem Zustand.

Nach einer neunwöchigen Schiffsreise von Rotterdam via Panamakanal kommt der Container endlich in unsere Nähe. Nun müssen wir nach Prince Rupert an der Pazifikküste zur Einfuhrverzollung. Wir sind angespannt. Unser Albtraum: ‹Bitte suchen Sie uns Schachtel Nummer 1 raus!› Doch es geschieht nichts dergleichen, die Zollbeamtin ist begeistert von uns. Sie überfliegt die Listen, stellt einige Fragen dazu und stempelt kurze Zeit später die Formulare ab. Wir können gehen – wir dürfen den Container nach Hause nehmen, einfach so, ohne Schachtel-Ausräumen in einem Hinterhof, nicht einmal geöffnet wird er. Wir sind erleichtert.

Am nächsten Tag ist er dann endlich da, unser Container: ein Sofa, richtige Pfannen, Bettwäsche, Spielsachen, Werkzeuge. Nach zwei Monaten im leeren Haus können wir nun anfangen, uns häuslich einzurichten. Die Schlitten können die Kinder noch genau einmal brauchen, denn am nächsten Tag ist der Schnee definitiv weg.»

Das Auswandern

Wie man Fernsehstar wird

Plötzlich berühmt

Schon auf den Aufruf zur ersten Staffel von «Auf und davon», die im Herbst 2009 ausgestrahlt wurde, meldeten sich die Schönbächlers beim Schweizer Fernsehen. Damals kannte man Auswanderer-Serien in der Schweiz erst von deutschen Privatsendern. Die Bieler wurden jedoch nicht genommen, und zwar aus einem einfachen Grund: Sie hatten noch kein Visum und konnten daher gar noch nicht ausreisen. Das Fernsehen suchte aber Probanden, die in ihren Bemühungen schon weiter waren. So blieben die Schönbächlers dem Schweizer Fernsehpublikum zunächst vorenthalten.

Immer wieder Besuch vom Fernsehen

«Auf und davon» wurde vom Fernsehpublikum gut aufgenommen, und so wurde beschlossen, eine zweite Staffel zu produzieren. Noch während der Ausstrahlung haben die Schönbächlers die Schweiz für die Erkundungstour verlassen. Während diese also abwesend waren, hat sich Claude, Christines Bruder, auf den Aufruf des SF gemeldet und die Familie als mögliche Probanden für die nächste Staffel angemeldet, nicht wissend, dass diese schon Kontakt hatten. Das Fernsehen war begeistert von dieser Meldung, meinte aber Schönbächlers müssten sich schon selber anmelden. So hat Claude eine E-Mail nach Kanada geschrieben, er habe da «was eingebrockt», ob das ok sei? Auf diese Weise hat eine erneute E-Mail von Schönbächlers ans SF die Sache ins Rollen gebracht.

Für Hermann hatte die Motivation, mitzumachen, verschiedene Facetten. «Wohl das Schönste war, dass wir auf diese Weise die Möglichkeit hatten, all unseren Freunden, Verwandten und Bekannten ‹Adieu› zu sagen. Gleichzeitig konnten wir sie so ein wenig an unserem neuen Leben teilhaben lassen.» Zudem wollten sie der Öffentlichkeit zeigen, dass man es in einer krisengeschüttelten Region am Rande der Zivilisation nur mit ausserordentlichen handwerklichen Fähigkeiten, grossem Leistungsvermögen und guten Sprachkenntnissen schaffen kann. Oft machen sich Auswanderungswillige nämlich falsche Vorstellungen und scheitern dann. Und das SF schaffte es, reelle Geschichten glaubhaft rüberzubringen.

Im Laufe ihres ersten Kanada-Jahres 2010 bekamen die Schönbächlers viermal Besuch vom Fernsehen. Jeweils rund eine Woche lang begleitete sie die Videojournalistin Denise Schneitter im Alltag, nachdem sie schon in Biel sowie bei der Aus- und Einreise Aufnahmen gemacht hatte. «Sie hatte viel Glück mit ihren Besuchen bei uns», so Christine, «sie war oft zum richtigen Zeitpunkt da.» Eine Schlüsselszene war wohl Hermanns Bemerkung: «Da isch ja en Bär.» Ein solcher kam nämlich neugierig aus dem Gebüsch, als sich der Jetmotor des Bootes auf einem Ausflug mit Sand verstopft hatte.

Jeden Tag filmte die Fernsehfrau stundenlang. Ausgestrahlt werden konnten aus Zeitgründen dann jedoch bloss gut 60 Minuten. Jede Staffel von «Auf und davon» besteht aus sechs Folgen, in denen sich Sequenzen aus dem Leben von vier Schweizer Auswanderer-Familien abwechseln.

Die Schönbächlers werden Kult

Im Januar und Februar 2011 wurde diese zweite Staffel, jeweils am Freitag, um 21 Uhr auf SF 1, ausgestrahlt – also zur besten Sendezeit. Und der Erfolg war für Schweizer Verhältnisse erneut enorm: Bis zu 700 000 Zuschauerinnen und Zuschauer teilten vom bequemen Pantoffelkino aus die Freuden und Leiden ihrer ausgewanderten Landsleute. Die Bieler kamen dabei besonders gut an. Schon nach der Ausstrahlung der ersten Folge schrieb der «Blick»: «Diese Familie hat Kult-Status.» Und es sollte nicht das letzte Mal sein, dass die Boulevardzeitung über den – Zitat – «Kult-Star» Hermann und seine Familie berichtete. Auch in anderen Zeitungen nahmen sie eine Sonderrolle ein, und natürlich liess es sich auch das «Bieler Tagblatt» nicht nehmen, über sie zu berichten. Das war für Hermann eine gute Ergänzung: «Das Schweizer Fernsehen gab einen grossen Rahmen, und der ‹Bieler Tägu› bescherte den Interessierten in ‹unserer› Region dann noch eine Zugabe oder ein Dessert.»

Die Schönbächlers selbst bekamen dieses gute Ankommen in Form von Dutzenden von Facebook-Nachrichten, E-Mails, Briefen und «Päckli» zu spüren. Eine grosse Rolle spielte in diesen Zuschriften, dass am 22. Januar 2011, während die ersten Folgen der zweiten Staffel bereits liefen, Töchterchen Alexandra zur Welt kam. Dafür jettete TV-Reporterin Denise Schneitter

eigens noch einmal nach Rosswood, so dass der Familienzuwachs in der letzten Folge noch gezeigt werden konnte. «Das schönste ‹Päckli› war wohl dasjenige der Lismi-Gruppe im Altersheim von Mümliswil, das Socken für alle und ein süsses Erdbeer-Käppli für Alexandra enthielt», bilanziert Christine. Der Brief einer Familie ergab sogar einen dauerhaften Kontakt, und schliesslich beantragte diese selbst das Visum für Kanada. Pflichtbewusst versuchte Christine, sämtliche erhaltenen Nachrichten zu beantworten, doch irgendwann kam sie mit Schreiben nicht mehr nach. Es meldeten sich auch einige Auslandschweizer aus der Region Terrace, welche die Neuankömmlinge persönlich kennenlernen wollten. Sie hatten die Sendereihe übers Internet gesehen oder waren durch Verwandte oder Freunde in der Schweiz auf sie aufmerksam gemacht worden.

Die Zuschauer kommen vorbei

Selbst Gäste aus der Schweiz hatten sie zu Besuch. Von Mai bis Oktober 2011 schauten etwelche Schweizer Touristen, die Ferien in Nordwestkanada machten, bei der «Kult-Familie» vorbei. Zusammen mit den lange zuvor angekündigten Freunden und Verwandten läpperte sich da so einiges an Besuch zusammen. «Damals kam uns unser Zuhause gar nicht mehr so abgelegen vor», schmunzelt Christine. Gastfreundlich und spontan, wie sie sind, hiessen die Schönbächlers alle willkommen.

Der Höhepunkt jener «Saison» war ein Tag Ende Juli, als unabhängig voneinander innerhalb von vier Stunden drei Wohnmobile vorfuhren. Eines der Paare fuhr nach kurzem Plaudern bereits wieder weiter. Die andern beiden Paare blieben jedoch und feierten neben schon anwesenden Besuchern aus der Schweiz gleich den 1. August mit den Schönbächlers und sind ihnen zu Freunden geworden. Die einen wollen wiederkommen. Gemäss Gästebuch gab es im Sommer 2011 insgesamt 21 Besuche mit total 40 Erwachsenen und sieben Kindern.

Normalerweise ist eine Familie bei «Auf und davon» nur bei einer Staffel

dabei. Weil sie beim Publikum so gut angekommen waren, fragte das Schweizer Fernsehen die Schönbächlers jedoch an, ob sie im folgenden Jahr ein zweites Mal mit von der Partie sein wollten. Dieses Angebot freute die Schönbächlers sehr – und es machte sie auch stolz. Darum sagten sie nach kurzer Bedenkzeit zu. Christine: «Wir wollten versuchen, auch dann wieder möglichst viel Spannendes zu erleben...»

Das Geheimnis des Erfolges

Ein Original mit einer glücklichen Familie

Was macht es denn aber aus, dass die Bieler so gut ankamen? Da sind verschiedene Gründe auszumachen. Erst einmal sind die Schönbachlers eine natürliche, unkomplizierte Familie mit herzigen kleinen Kindern – schliesslich sogar noch mit einem Baby! «Und ein Baby kommt ja immer gut an, oder…?», so Christine. Allerdings war Alexandra erst ab dem Ende der zweiten Staffel auf der Welt.

Ein Wilhelm Tell im Traumland Kanada

Eine zentrale Rolle spielt sicher das Familienoberhaupt. Schon äusserlich fällt Hermann Schönbächler auf: 1,88 Meter gross, ist er von kräftiger Statur und hat einen langen, rotblonden Bart. Man könnte ihn sich gut als Wilhelm-Tell-Darsteller an den Tell-Spielen in Interlaken vorstellen. Dazu kommt ein leicht exzentrisches, kauziges Wesen. Die amüsanten Gedanken, die auf diesem Seelenboden entstehen, äussert Hermann dann in sonor gesprochenem Bärndütsch. Bei einem so originellen Selbstdarsteller schaut man gerne hin und hört man gerne zu.

Hermann kannte man im Seeland schon, bevor er ein Fernsehstar wurde. Dies vor allem von den regionalen Weihnachtsmärkten her, wo er mit Christine selbstgeschnitzte Holzskulpturen verkaufte, allem voran die Spezialität des Hauses: grosse Sterne. Hermann selbst ist sich zwar bewusst, dass er auf Menschen eine einnehmende Wirkung hat, mag sich aber nicht selbst beurteilen. «Das überlasse ich anderen.»

Dann ist es aber auch einfach so, dass Kanada bei den Schweizern als Land hoch im Kurs steht. Hermann glaubt, dass sich viele danach sehnen, dort zu leben, auch wenn die meisten es schliesslich dabei bewenden lassen, dort Ferien zu verbringen. Christine sieht es ähnlich. Sie glaubt, dass Kanada mit seiner Weite, seiner Leere und seiner Abgeschiedenheit, aber auch mit seiner spannenden Tierwelt ein Traumland vieler Eidgenossen ist.

Kanada ist eines der von den Schweizern am meisten gewählten Auswanderungsländer. Hermann hat dazu die interessante Theorie, dass dies zumindest im Bernbiet und im Jura auch historische Gründe hat. So seien viele junge Paare im Emmental oder auf den Jurahöhen bis Mitte des 19. Jahrhunderts gezwungen gewesen, dem Wald für ihre Existenz ein «Heimetli», ein Haus mit Umschwung, abzutrotzen. Und das sei ja erst ein paar Generationen her. «Haben wir das vielleicht noch irgendwie im Blut?», fragt er sich. Bei Gotthelf gelobe Ueli seinem Vreneli einmal, sein ganzes Leben mit ihr zusammenzubleiben, selbst wenn er dafür ein solches «Heimetli» bauen müsse.

Daneben, so Hermann, müsse es «irgendwelche Quellen» geben, die den Jahrgängern der 1940er- bis 1970er-Jahre das Auswandern nach Kanada «extrem schmackhaft» gemacht hätten, denn damals seien besonders viele Schweizer dorthin übersiedelt. Nach den 1970er-Jahren sei es dann viel schwieriger geworden, das entsprechende Visum zu erhalten.

Zur besten Sendung gewählt

Aber wie auch immer: Tatsache ist, dass die Kanada-Bieler grosse Popularität erlangten. Dem setzte Anfang Mai 2012 der «Schweizer Fernsehpreis» für «Auf und davon» als «beste Sendung» die Krone auf. Aus den drei nominierten Sendungen «Auf und davon», «SF bi de Lüüt – unsere Stadt» und «Zürich Langstrasse» erkoren die Leser von «Blick» und «Tele» sowie die Zuschauer von Sat 1 Schweiz die Auswanderer-Serie zur Siegerin. Und daran hatte die beliebteste Teilnehmer-Familie sicher keinen geringen Anteil. Hermann relativiert allerdings bescheiden: «Wir und die übrigen Auswanderer-Familien haben die Geschichten und die Kulissen geliefert, die gute Arbeit damit haben dann die Mitarbeiter und die Verantwortlichen des Schweizer Fernsehens gemacht.»

Für alle, die auch nach der TV-Zeit an ihrem Leben Anteil nehmen wollten, richteten die Schönbächlers vor Beginn der dritten Staffel eine sogenannte Fanseite auf Facebook ein, genannt «Familie Schönbächler in Rosswood, Kanada». Ja, so modern sind die, denn sie leben zwar am Rande der Zivilisation, aber hinter dem

Mond sind sie deswegen noch lange nicht. Christine stellt regelmässig Bilder und kurze Texte von besonderen Erlebnissen auf die Fanseite. Diese können von den «Usern», den Facebook-Nutzern, auch interaktiv kommentiert werden. Bis zu 5000-mal wird die Fanseite pro Woche angewählt, vor allem von den weit über 1000 Personen, die sich durch Anklicken der «Gefällt-mir»-Funktion als Fans eingetragen haben. Auch nach der dritten Staffel gab es wieder Dutzende von Nachrichten via Post und E-Mail. Und nach wie vor sind die Schönbächlers auch eine lebende Touristenattraktion für Schweizer Kanada-Reisende. Der Besucherstrom reisst bis heute nicht ab. Im Gegenteil: Im Sommerhalbjahr 2012 fuhr fast täglich ein Camper bei ihnen vor. Am Ende sollten es somit mehr als dreimal so viele Besucher wie im Vorjahr sein.

«Wir zeigen gerne unser wunderbares Zuhause, teilen Gottes Geschenk an uns, freuen uns auf neue Begegnungen und geniessen die Hilfe, die uns angeboten wird. Für viele ist es eine Freude, hier etwas mithelfen zu dürfen: Holz hacken, Beeren pflücken, kochen, Bauprojekte, mit den Kindern spielen... wir finden für jeden etwas zu tun.»

Gegen Ende Sommer hat sich dann aber langsam eine gewisse Müdigkeit eingestellt. «So sehr wir die Besuche schätzen, es nimmt viel Zeit und Energie in Anspruch. Wir freuen uns auf die kommende Regenzeit und den Winter, wenn wir unser ‹Heimetli› wieder ganz für uns haben.»

«Häsch din Windfall scho uufgruumet?»

Die TV-Präsenz hatte nach «Auf und davon» – das auch im Westschweizer Fernsehen und auf 3SAT lief – freilich nicht ein Ende. Als Hermann im Juni 2012 in die Schweiz kam, um wieder an der nationalen Meisterschaft im Sportholzfällen teilzunehmen, war der bunte Vogel nämlich begehrt wie ein Popstar. Er war Talkshowgast bei «TeleBielingue», bei «TeleBärn» und bei «TeleZüri» sowie bei «Radio Zürisee» und beim Internetsender «Radio Tell». Man hat sogar eine neue Kategorie für ihn kreiert: Er wurde jeweils als «Promi-Auswanderer» angekündigt.

Es gibt aber natürlich auch direkte Begegnungen mit Fans. Wenn Hermann in der Schweiz ist, wird ihm zugerufen und zugewunken, und immer wieder soll er kurz für ein gemeinsames Foto posieren. In einer Beiz wurde ihm einmal vom Stammtisch zugerufen: «Häsch din Windfall scho uufgruumet?» Gemeint war das Sturmholz vom Orkan im Oktober 2010, der eine ähnlich verheerende Wirkung wie bei uns der «Lothar» hatte. Ein andermal wurde er von einem kreischenden Bienenschwarm weiblicher Teenies umzingelt, und einmal liess ein kleiner Bub einen Gruss für Richi ausrichten. «In der Schweiz wird es allmählich lästig», meint Hermann spitzbübisch. «Wenn ich zügig etwas erledigen will, muss ich das Gesicht ein bisschen nach unten halten.» Doch im Grunde fühlt er sich dadurch geschmeichelt und geniesst es.

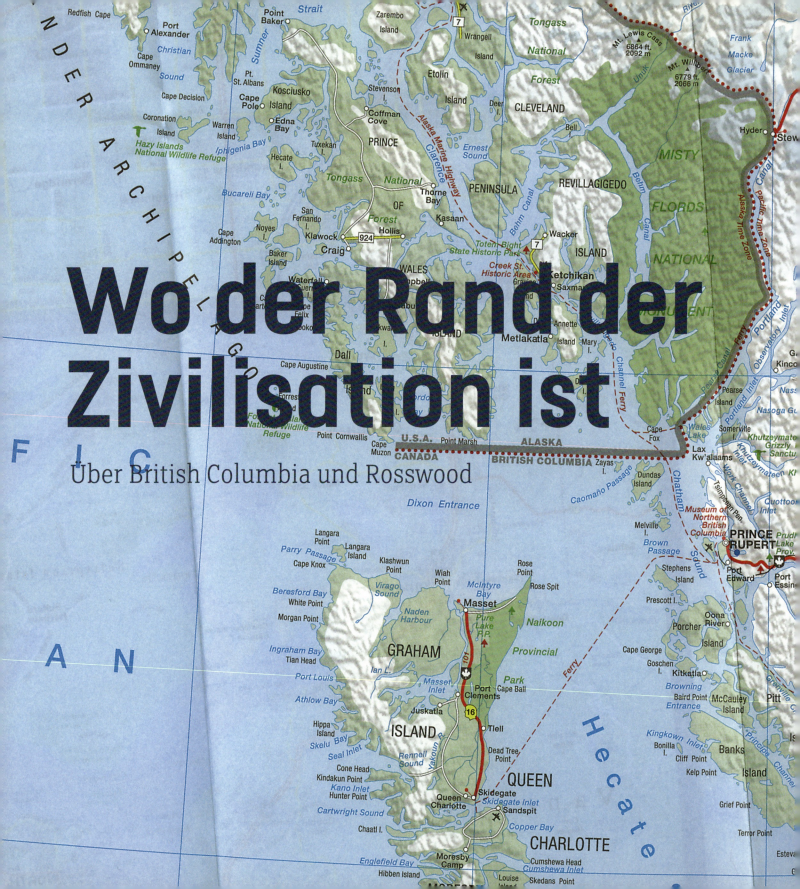

Wo der Rand der Zivilisation ist

Über British Columbia und Rosswood

«Am Rande der Zivilisation» sagen die Schönbächlers, wenn sie ihre Wohnlage beschreiben. Manchmal sprechen sie auch davon, dass sie «im Busch» leben würden. Aber wo ist das denn in ihrem Fall eigentlich?

British Columbia – vier Einwohner pro Quadratkilometer

Die Ortschaft Rosswood, in der sie wohnen, liegt in der Provinz British Columbia, kurz BC genannt. Deren Name leitet sich vom Fluss Columbia in der einstigen britischen Kolonie ab. Sie liegt ganz im Westen des Landes. Im Nordwesten grenzt BC an den US-Bundesstaat Alaska, im Norden an die Nordwest-Territorien und das Yukon-Gebiet, im Osten an die Provinz Alberta und im Süden an die US-Bundesstaaten Washington, Idaho und Montana. Die westliche Begrenzung wird vom Pazifischen Ozean gebildet. 80 Kilometer Luftlinie nördlich von Rosswood beginnt bereits Alaska. Die Pazifikküste ist rund 100 Kilometer entfernt.

British Columbia hat eine Fläche von knapp einer Million Quadratkilometern und gut vier Millionen Einwohner. Das entspricht einer Bevölkerungsdichte von nur gerade vier Einwohnern pro Quadratkilometer. Zum Vergleich: Die Schweiz hat eine etwa 23-mal geringere Fläche, aber fast doppelt so viele Einwohner, mit einer Bevölkerungsdichte von 193 Personen pro Quadratkilometer. Die bei weitem grösste und bekannteste Stadt ist das am Meer gelegene Vancouver. In der Stadt selbst und deren Agglomeration, genannt Lower Mainland, leben über die Hälfte der vier Millionen Einwohner. Hauptstadt ist indessen das auf Vancouver Island gelegene Victoria.

Terrace – Kleinstadt mit Flugplatz

Rosswood gehört politisch zur 50 Kilometer südlich gelegenen Kleinstadt Terrace. Diese ist das regionale Zentrum und der wirtschaftlich zweitwichtigste Ort in der dünn besiedelten Region im Nordwesten der Provinz. Vancouver ist etwa 700 Kilometer Luftlinie von Rosswood entfernt. Mit dem Auto muss man das Doppelte an Strassenkilometern rechnen, und da ist man dann rund 18 Stunden reine Fahrzeit unterwegs. Ein eindrückliches Sinnbild für die Weiten Kanadas ist etwa, dass man von Terrace aus in nördlicher Richtung 1200 Kilometer fahren kann, ohne je an eine Ampel zu kommen...

Obwohl die Stadt nur etwas über 11 000 Einwohner zählt, hat sie einen eigenen Flugplatz. Und der ist etwa so gross wie derjenige der zigfach grösseren Agglomeration Bern. Doch hier sind die Distanzen eben anders als in der Schweiz. Vancouver ist in knapp zwei Stunden erreichbar, und es gibt täglich mehrere Flüge in beide Richtungen. Auch andere Regionalflugplätze werden regelmässig angeflogen. Dieser grösste Flugplatz weit und breit versorgt ein riesiges Gebiet und ist auch wichtig für Minenarbeiter in der Region.

In Terrace ist eine gute Infrastruktur mit einem Stadtzentrum vorhanden, wo man so ziemlich alles kaufen kann, was man zum Leben braucht. Was man dort nicht findet, kann man auf unkomplizierte Art und Weise be-

stellen, auch wenn man, bedingt durch die grossen Distanzen, lange darauf warten muss. Auch ein Spital ist vorhanden. Einmal pro Woche machen die Schönbächlers Einkäufe in der Stadt, und jeden zweiten Sonntag besuchen sie dort ihre Kirchgemeinde, die Evangelical Free Church. Da die Geschäfte am Sonntag ebenfalls geöffnet sind, können sie bei Bedarf auch nach dem Gottesdienst Besorgungen machen. In Rosswood selbst existiert dagegen lediglich ein kleines «Dorflädeli», «General Store» genannt. «Dort holen wir uns das Nötigste, wenn mal was ausgeht», so Christine.

Wirtschaftlich war Terrace früher eine der grössten Lieferantinnen von Schienenschwellen, Baumaterial sowie Telefon- und Stromleitungsmasten im Nordwesten. Weil die Bauindustrie als Abnehmerin immer weniger Holz kaufte, stellte die Wirtschaft der Kleinstadt partiell auf die Produktion von Zellulose für die Papierindustrie um. Tief war der Einbruch, als nach 2000 der Markt für Holz kollabierte.

Schönbächlers leben nicht etwa am Polarkreis, sondern «nur» ca. 1000 Kilometer nördlicher als die Schweiz, was etwa Höhe Dänemark entspricht. Dadurch wird es am längsten Tag, am 21. Juni, nur noch kurz Nacht und diese Nacht ist auch nicht mehr ganz dunkel. Im Gegenzug dazu, kann man bei schlechtem Wetter um den kürzesten Tag herum, nur noch ca. von 9 bis 15 Uhr ohne Licht draussen arbeiten.

Die Wachstumsbedingungen sind vergleichbar mit den Schweizer Voralpen auf ca. 1000–1200 m ü. M. Durch Rosswoods Lage wird das Wetter sowohl von der Küste wie auch vom Kontinent beeinflusst. Das heisst, es hat Zeiten im Winter, da gibt es bei gemässigten Temperaturen sehr viel Regen oder Schnee, dann aber auch Zeiten mit klirrender, trockener Kälte, mit Tiefsttemperaturen bis Minus 28° C. Und im Sommer ebensolche Extreme mit Hitze und Dürre oder heftigsten Niederschlägen.

Fazit: Ein Sommer wie im Tessin und ein Winter wie im Engadin mit garantiert weissen Weihnachten.

Rosswood – doppelt so grosse Fläche wie Biel

Von Terrace nach Rosswood fährt man Richtung Norden auf einer kurvenreiche Strasse bis zum Kitsumkalum-Lake (kurz «Kalum Lake») und dann diesem entlang, bis am Nordende des Sees Rosswood beginnt. Wo nicht Wasser ist, ist Wald, und da prägen dann vorwiegend Nadelbäume das Bild. Die Berge sind hier um die 2000 Meter hoch, die Baumgrenze ist auf etwa 1400 Metern. Der Talboden liegt nur etwa 200 Meter über Meer. Trotzdem fühlt man sich nicht eingeengt, denn das Tal ist sehr breit.

Verkehr gibt es nicht viel. «Wenn ich hier gleichzeitig drei, vier Fahrzeuge sehe, habe ich bereits das Gefühl, im Stossverkehr zu sein», lacht Christine.

Oft zu sehen sind Holztransporte. Dafür gibt es spezielle Sattelschlepper, die ein Gesamtgewicht von ca. 65 Tonnen haben. Bei Leerfahrten tragen die Trucks die hintere Radachse huckepack.

Am Nordende des Kalum Lake taucht am Strassenrand die kleine weisse Ortstafel von Rosswood auf. Der Zusatz «unincorporated» bedeutet, dass es hier keine eigene Verwaltung, keinen eigenen Strassendienst, keine eigene Feuerwehr und keine eigene Polizei gibt. Rosswood gilt zwar als Ortschaft, doch hat es dort ausser dem «General Store» und der «Community Hall», dem Gemeindezentrum, keinerlei Dorfstruktur. Im Grunde ist es eine Streusiedlung – allerdings eine ziem-

lich grosse: In einer Talebene liegend, erstreckt sie sich über eine Fläche von etwa 50 Quadratkilometern. Das ist gut zweimal die Fläche der Stadt Biel. Während Biel aber etwas über 50 000 Einwohner zählt, hat Rosswood nur etwa 150. Alle leben für sich, wie die Schönbächlers.

Kontakt untereinander haben die Einwohner nur in beschränktem Masse. Viele möchten es gar nicht anders. Wer dagegen Gemeinschaft sucht, der findet sie im täglich geöffneten «General Store». Dort findet man nicht nur das Nötigste für Küche und Haushalt, sondern auch die neusten Informationen aus der Umgebung, und es hat sogar noch eine Kaffee-Ecke. Den Sommer über findet in der «Community Hall», einem schönen Blockhaus, zudem jeden Samstag das «Pancake-Breakfast», das «Pfannkuchen-Frühstück», statt, eine nordamerikanische Tradition. Parallel dazu wird jeweils ein Flohmarkt veranstaltet. In der «Community Hall» findet auch das alljährliche Weihnachtsessen von Rosswood statt.

Die Anlage, zu der sogar ein Baseballplatz gehört, wird zudem an Vereine, wie etwa den Bogenschützenverein oder die Pfadi, vermietet. Auch finden hier regelmässig Anlässe statt, beispielsweise Hochzeiten oder Beerdigungen. Der Campingplatz auf dem Gelände wurde beim grossen Sturm im Herbst 2010 fast vollständig zerstört. Vom Sturmholz befreit, ist er indes schon längst wieder in Betrieb. Nur fehlt ihm nun der Charme des Waldes, und es hat keine Picknick-Tische mehr. Koordiniert wird das Ganze von der «Rosswood Community Association», einer Gruppe Freiwilliger, bei welcher Christine im Beirat sitzt.

Von Annie Ross zu Rosswood

Man erzählt sich, dass Rosswood nach Annie Ross benannt ist, einer Pionierin, die 1909 in die Region kam. Sie liess sich am Nordende des Kalum Lake nieder und führte eine erste Poststelle. Diese wurde in der Folge Rosswood genannt. Annie Ross war eine Ausnahme, denn die Meisten, die sich in der Zeit vor dem Ersten Weltkrieg im Tal niederliessen, waren alleinstehende Männer. Nach dem Ende des Krieges verliessen viele die Gegend und das Postbüro wurde geschlossen. Seither gibt es in dem Tal keine Postversorgung mehr. In den 20er- und 30er-Jahren wurde viel nach Bodenschätzen gesucht – teilweise mit Erfolg. Am Südende des Kalum Lake stand in dieser Zeit sogar ein gut ausgebautes, zweistöckiges Hotel, welches vor allem von Durchreisenden genutzt wurde. Neben dem Hotel stand eine Tanzhalle. Jeden Samstagabend fanden da Musik und Tanz statt. Von weither sind vor allem die Jungen angereist, war dies doch fast die einzige Möglichkeit, andere junge Menschen kennenzulernen.

Das original Hotel und die Tanzhalle sind, neben weiteren historischen Gebäuden, heutzutage im «Heritage Park» in Terrace, einer Art «Mini-Ballenberg», zu bestaunen.

Im Zweiten Weltkrieg gab es eine grosse Nachfrage nach Thuja-Stämmen («Western Red Cedar»), einerseits für Masten, andererseits als Bau- und Nutzholz. Diese Nachfrage schaffte Arbeitsplätze für die Ansässigen und brachte neue Einwohner in die Region. Nach dem Krieg erlebte die Waldwirtschaft einen Aufschwung, der junge Familien nach Rosswood brachte. 1957 wurde eine kleine Schule gebaut. Im September jenes Jahres begannen 13 Schüler ihr Schuljahr – sechs Altersklassen in einem einzigen Klassenzimmer. Nach sechs Jahren wurde die Schule wieder geschlossen. Seither gehen die Kinder aus Rosswood in Terrace zur Schule. Dafür gibt es einen Schulbus.

Ursprünglich führte nur ein Fussweg von Terrace nach Rosswood. Später wurde er auf dem Teilstück bis zum Kalum Lake zu einer Wagenstrasse ausgebaut. 1954 und 1971 wurde westlich und östlich des Sees je eine sogenannte Holzerstrasse realisiert. Beide waren im Besitz von Holzereifirmen und ausschliesslich für den Transport von Bäumen gedacht. Private Fahrzeuge verkehrten da auf eigenes Risiko. Erst viele Jahre später übernahm das Strassendepartement von Terrace die Strasse auf der Ostseite. Und erst 1984 teerte man sie. Heute nimmt die Bewohnerzahl langsam zu. Menschen in allen Lebenslagen entschliessen sich, hier in der Abgeschiedenheit die natürliche Schönheit des Tales zu geniessen.

Eine kleine Welt für sich

Eine Lichtung im Wald

Die 9 Hektaren Land, die zum Anwesen der Schönbächlers gehören, sind zum grossen Teil bewaldet. Zurückversetzt von der Hauptstrasse liegt die ca. ½ Hektare grosse Lichtung, auf der das Wohnhaus mit Autounterstand, ein kleiner Holzschopf, das Brunnenhaus und das Generatorhäuschen auf einer kleinen Anhöhe stehen. Am Fusse dieser Anhöhe steht die Werkstatt, welche im oberen Stock eine Gästewohnung beherbergt und links und rechts einen Unterstand hat. Und noch immer ist da der Container, in dem der Hausrat und die Werkzeuge gezügelt wurden. Mittlerweile dient dieser als Stauraum für Pneus, Velos, Garten- und Wintersachen sowie als Benzinlager.

Dazwischen breiten sich mehrere grosse Gartenbeete aus. Christine pflanzt neben den Erdbeeren, Cassisbeeren, Himbeeren und Brombeeren auch Kabis, Bohnen, Zwiebeln, Kartoffeln, Rüebli, Rhabarber und sogar Spargeln an. Auch wachsen ein Apfelbäumli und wilde Heidelbeeren in der Lichtung. Im grossen Treibhaus hat es vor allem Salat und Tomaten. Im kleinen Treibhaus wachsen die Kräuter, die Christine zur Herstellung des von der Familie heissgeliebten Pesto braucht.

Nördlich der Lichtung steht der alte grosse Holzschopf, nebendran zwei alte halbzerfallene Hütten. Daneben hatte einmal ein Wohnhaus gestanden, welches von einem Pfarrer und seiner Familie bewohnt wurde und das jeweils am Sonntag zur Kirche wurde. Dieses Haus ist leider vor langer Zeit abgebrannt. Dahinter liegt die hauseigene Kiesgrube.

Schon die fünften oder sechsten Besitzer

Direkt vor ihnen hatte ein Ehepaar hier gelebt, das sich für seinen Lebensabend einrichten wollte. Die Beiden hatten den grossen Garten mit den vielen Beeren angelegt, denn sie wollten mit dem Ertrag auf den Markt gehen. Es war jedoch viel schiefgelaufen bei ihnen: Die Gesetzgebung für den Verkauf von Gemüse und Früchten hatte sich so geändert, dass sie ihre Pläne aufgeben mussten. Gesundheitliche Probleme und die zerbrochene Ehe zwangen sie schliesslich, die Liegenschaft zu verkaufen.

Das Wohnhaus ist ein mittelgrosses Holzhaus ohne Unterkellerung. Das Fundament des Hauses wurde vor fast 30 Jahren gelegt, die Schönbächlers sind bereits die fünften oder sechsten Besitzer. Jeder Besitzer hat weiter ausgebaut und umgebaut. «Wir hatten das Glück, von Anfang an ein gut ausgebautes Heim zu haben, das gleich einzugsbereit war», so Christine. Und auch die Schönbächlers legten schon Hand an. Gleich im ersten Sommer bauten sie ein Vordach ans Haus an, da keinerlei Platz war, etwas unterzustellen und weil es direkt an die Haustür regnete und schneite.

Das Erdgeschoss ist ein grosszügiges offenes Konzept. Im Eingangsbereich befindet sich neben der Garderobe auch die Waschmaschine und ein Trog. Zwischen der Wohnküche und der Stube steht der grosse Holzofen. Im weiteren offenen Raum befinden sich Büro und Nähecke. Das Badezimmer ist im Erdgeschoss das einzige Zimmer mit einer Tür.

Im oberen Stock befinden sich die Schlafzimmer. Der offene Raum zwischen dem Elternschlafzimmer und den beiden Kinderzimmern diente zunächst als Spielzimmer. 2011 baute dann Hermann zusammen mit einem Nachbarn nach Christines Ideen ein Zimmer für Alexandra ein. Tageslicht hat das Zimmer dank einer neu geschaffenen Lukarne beziehungsweise deren zusätzlichem Fenster. Alle Fenster sind mit Mückengittern versehen, denn im Sommer können die kleinen Viecher zu einer richtigen Plage werden.

Werkstatt mit Gästewohnung fertig ausgebaut

Die Werkstatt war beim Einzug schon vorhanden, im oberen Stock befindet sich die Gästewohnung, welche Schönbächlers im Rohbau übernahmen. Die Vorbesitzer wollten darin Bed-and-Breakfast-Touristen einquartieren. Nun mussten noch das Badezimmer und die Küche eingebaut, sowie die Wohnung an die Wasserversorgung angeschlossen und ein Abwassersystem eingerichtet werden. Das Abwasser fliesst in einen Abwassertank im Boden neben dem Haus, und ist quasi eine Mini-Kläranlage, wo spezielle Bakterien auf biologische Weise für die Reinigung des Wassers sorgen. Anschliessend versickert das Wasser in einer Sickerleitung im Boden. Im Juni 2011 war das Gästehaus fertiggestellt.

Die Schönbächlers sind zwar froh eine Unterkunft für Gäste zu haben, mit der angetroffenen Raumeinteilung sind sie aber nicht sehr glücklich, insbesondere nicht mit dem Verhältnis zwischen dem – Zitat Hermann – «klaustrophobischen» kleinen Schlafzimmer und dem grossen offenen Raum, in dem neben Küche, Esstisch und Sofa ein Doppelbett und ein Einzelbett stehen. «Mehrere Besucher unterzubringen ist eine Herausforderung, nicht wegen der Grösse, aber wegen der Raumaufteilung», meint Christine. «Eine Familie ist da einfacher zu beherbergen.» In erster Linie ist die Woh-

nung für Besucher gedacht, die ohne Camper anreisen und einige Tage bleiben möchten. Priorität haben dabei Familie und Freunde.

Im Erdgeschoss ist die Werkstatt oder, wie Hermann sie salopp nennt, die «Gerümpelkammer». Sie wäre ein Paradies für Hobbyhandwerker, denn darin scheinen sämtliche Werkzeuge dieser Welt vertreten zu sein. Für Hermann ist die Werkstatt aber natürlich mehr als ein Hobby-Paradies: Sie ist unentbehrlicher Bestandteil seiner Arbeit. Sie enthält auch die Fischerutensilien und die Wander- und Reiseausrüstung für alle sowie seine Sportholzfäller-Sachen. Nur wirkliches Gerümpel, also Dinge, auf die verzichtet werden könnte, gibt es hier nicht. Der Raum dient als Ersatz für den Keller, den das Wohnhaus nicht hat. Die Unterstände an beiden Seiten der Werkstatt dienen als Arbeitsfläche bei Regen und Schnee.

An das grössere der beiden Treibhäuser ist ein Holzschopf angebaut. Er war als Hühnerhaus gedacht, hat aber nie Hühner enthalten, weil er nie fertig ausgebaut wurde. Und auch Hermann wird in diesem Fall nicht Hand anlegen. Ihm zufolge ist es nämlich nicht ratsam, in einem Gebiet wo es Bären, Wölfe, Luchse und Füchse hat, Tiere zu halten, die auf deren Speisezettel stehen – auch wenn eine Umzäunung vorhanden ist. Das «Hühnerhaus» wird nun von den Kindern genutzt – als Unterstand, wenn es regnet. Zudem ist dies der einzige Platz, wo sie mit Strassenkreide malen können, da es dort einen Betonboden gibt.

Bis zu 20 Ster Brennholz pro Winter

Die Wasserversorgung erfolgt durch Grundwasser aus ca. 25 Metern Tiefe. Dieses wird elektrisch hochgepumpt und in einem Drucktank im Brunnenhaus neben dem Haupthaus gefasst. Die zwei Filter, mit denen das Wasser von Sand und Feinpartikeln gereinigt wird, müssen regelmässig gespült werden. Das ist Christines Aufgabe. Die Wasserversorgung konnten die Schönbächlers so übernehmen. Das Wasser hier ist stark eisenhaltig. Gesundheitlich ist es zwar nicht bedenklich, doch färbt es mit der Zeit Wäsche, Geschirr, Badewanne und Toilette braun. Nicht alle in Rosswood haben fliessendes Wasser. Manche haben lediglich einen seichten Brunnen, welcher im Sommer gelegentlich austrocknet. Andere haben gar kein eigenes Wasser. Diese holen sich ihr Wasser bei der «Dorfquelle», welche ganzjährig läuft und gutes Wasser hat.

Geheizt wird bei Schönbächlers ausschliesslich mit Holz. Sie verheizen pro Winter etwa 15 bis 20 Ster. Das Wohnhaus ist gut isoliert und dank dem offenen Wohnkonzept unten und den Holzböden im oberen Stock verteilt sich die Wärme gut. Den alten Schopf für das Brennholz haben Schönbächlers renoviert. Weil der grosse Sturm so viel Holz gefällt hat, sind sie auf Jahre hinaus mit Brennholz versorgt. Für einen Teil des Holzes hat Hermann eigens Palloxen konzipiert, welche ein halbes Cord, das hiesige Brennholzmass, enthalten. Ein Cord ist ca. 3,5 Ster. Einen Teil des getrockneten Holzes verkaufen sie.

Die Arbeit des Kaminfegers muss hier jeder selber erledigen. So liegt auf dem Dach eine lange Leiter, mit der man bis zum Kamin kommt. Eine ellenlange, zusammensetzbare Bürste putzt das «Chämi» von oben. Zweimal im Jahr muss die Asche aus dem Holzofen geholt werden.

Eine kleine Welt für sich 77

Erst seit 1999 Strom

Der Strom – den es in Rosswood übrigens erst seit 1999 gibt – kommt über eine 50 Kilometer lange, oberirdische Leitung, die vor allem durch bewaldetes Gebiet geführt wird. Wegen umstürzender Bäume sind Stromausfälle gang und gäbe. Die Schönbächlers haben jedoch einen Generator, mit dem sie längere Stromausfälle überbrücken können. Er befindet sich im zweiten kleinen Holzhäuschen neben dem Haupthaus. Nach dem grossen Sturm waren sie sechs Tage ohne Strom. Damals hatten sie noch einen schwächeren Generator. Der vermochte die Wasserpumpe nicht anzutreiben, und so waren sie in jenen Tagen auch ohne Wasser. «Mittlerweile», so Hermann, »haben wir aufgerüstet.»

Ans Telefonnetz der Provinz wurde Rosswood sogar erst 2001 angeschlossen, ebenfalls mit oberirdischen Leitungen. Handyempfang gibt es hier keinen, bei Bedarf kommunizieren Christine und Hermann über Funk. Wenn er im Wald arbeitet, meldet er sich zur Sicherheit jede Stunde kurz bei ihr. Ist er im eigenen Forst nahe dem Haus tätig, kommuniziert er mit lauter Stimme – und Christine läutet die grosse Schweizer Glocke, die neben der Haustür hängt, wenn sie Hermann etwas zurufen will oder wenn das Essen bereit steht.

Fernseh schauen kann man nur via Satellit. Zugang zum Internet hatten die Schönbächlers zunächst über die Telefonleitung. Nach einem knappen Jahr legten sie sich eine Satellitenschüssel zu. Das brachte eine Erhöhung der Übertragungsgeschwindigkeit. Die Verbindung ist allerdings auch mit Satellit nicht sehr schnell. Mehr liegt am Rande der Zivilisation aber nicht drin.

Briefkasten 37 Kilometer weit weg

Die Post wird den Schönbächlers in den Briefkasten gelegt. Allerdings ist dieser 37 Kilometer vom Haus entfernt… An der Stadtgrenze zu Terrace steht an der Hauptstrasse eine Anlage mit über 100 Briefkästen. Andere Einwohner von Rosswood haben ein Postfach in Terrace. Pakete müssen von allen auf der Post in Terrace abgeholt werden. Die Postadresse lautet denn auch auf Terrace. Ihren Briefkasten leeren die Schönbächlers, wenn sie in die Stadt fahren, also ein- bis zweimal pro Woche. «Umso grösser ist das Erlebnis für die Kinder, wenn etwas für sie dabei ist», so Christine.

Für die Abfallentsorgung gibt es in Rosswood eine offene Deponie. Sie ist mit einem elektrischen Zaun gesichert, damit sie nicht zum Tummelplatz von Wildtieren wird. Jeder muss seinen Müll selbst hinbringen, die Deponie ist am Samstag- und Sonntagnachmittag offen. Recycling-Abfall ist in Terrace zu entsorgen.

Neustart

Neues Land, neues Glück

Am neuen Ort liessen es die Schönbächlers langsam angehen. Sie erkundeten die Gegend auf Spaziergängen, lasen, bastelten und werkelten. In den Medien vernahmen sie, dass der Winter 2009/2010 der wärmste und trockenste in Kanada seit 1946/1947 war.

Die schönste Zeit

Diese Zeit habe ihnen nach all den strengen Monaten gut getan, sagt Christine. Für sie war dieses «Ankommen in den eigenen vier Wänden» die schönste Zeit – Hermann spricht seinerseits vom «mentalen Ankommen». Auch für ihn war dieser Beginn des neuen Lebens die bislang schönste Phase. Er realisierte, dass sie diesmal nicht wie früher nach einigen Tagen, Wochen oder Monaten wieder zurück in die Schweiz mussten. «Endlich hatte ich die Möglichkeit, auf meinem eigenen Gelände, in meinem eigenen Stück Wald und an meinen eigenen Gebäuden zu arbeiten.» Diese Aussicht genoss er über alle Massen.

Das Kennenlernen der Einwohner von Rosswood ging langsam vor sich, auch wenn es bloss rund 150 gibt. Das lag aber nicht etwa an inneren Vorbehalten der Einheimischen, sondern schlicht und einfach daran, dass man dort so weit verstreut wohnt. Die ansässige Bevölkerung ist grundsätzlich ausgesprochen freundlich. Wenn man hier lebt, merkt man dann allerdings, dass auch in Kanada Neid und Missgunst existieren. Das hat auch Hermann schon gemerkt.

Nachdem sich die Schönbächlers entspannt etwas eingelebt hatten, fing im Frühling wieder der Ernst des Lebens an. Es gab viel zu tun. Hermann rodete etwas Wald, um auf der Lichtung mehr Platz für den geplanten Autounterstand zu schaffen. Gleichzeitig nahmen Christine und er die Planung für die vielen Projekte auf, die sie realisieren wollten.

Ein wenig wie eine Bauernfamilie

Grundsätzlich ist das Leben, das die Familie führt, wohl am ehesten mit demjenigen von Bauern zu vergleichen. Nur dass Hermann keine Felder bestellt und Kühe melkt, sondern im eigenen Wald oder im Auftragsverhältnis Holz schlägt. Weiter besorgt er alles Handwerkliche im und ums Haus, was insbesondere für all die Aus- und Umbauten, die er vorgenommen hat, viel Arbeit bedeutete. Christine besorgt den Haushalt und kümmert sich um die Kinder. Zudem unterhält sie den riesigen Garten. Das ist aber nur das Grundmuster. So helfen beide im Arbeitsbereich des andern mit, wenn es nötig ist. Christine beherrscht zum Beispiel auch die schweren Arbeitsfahrzeuge, und Hermann kann kochen – was er sogar gerne tut.

Christine ist zwar eine erfahrene Hausfrau. Hier musste sie dann aber doch noch Neues lernen, wie etwa den Umgang mit Gasherd und -backofen. «Besonders das Backen mit Gas war anfangs gewöhnungsbedürftig.» Dies weil es da keine Ober- und Unterhitze gibt und weil die Temperatur in Fahrenheit statt in Grad angegeben wird. Nach monatelangem Abwaschen kam endlich ein Geschirrspüler ins Haus, und diese Arbeitserleichterung wusste sie dann echt zu schätzen. Besonders im Garten hat sie noch viel zu lernen, da sie in der Schweiz noch gar keinen hatte.

«Unser Alltag sieht jeden Tag anders aus», fasst Christine zusammen. «Langeweile hat da gar keine Chance, denn mit Haus und Kindern und Garten und Holzen und Bauen und Ausflügen und Fischen und Pilzen und, und, und... vergeht die Zeit wie im Flug.» Zwar haben beide lange und harte Arbeitstage. Trotzdem ist Christine zufrieden: «Ich geniesse es von Herzen, ein eigenes Zuhause zu haben und zu sehen, wie all die Projekte Form annehmen.»

Freizeit und Arbeit gehen Hand in Hand

Auf die Frage, was sie denn in ihrer Freizeit tun würden, entfährt es Hermann: «Welche Freizeit...?» Viele seiner Freizeitbeschäftigungen gehen Hand in Hand mit Arbeit. Mit dem «Pilzlen» verdient er hier Geld. Fischen bedeutet für ihn einerseits Entspannung von der harten körperlichen Holzerarbeit, gleichzeitig dient es aber auch der Nahrungsbeschaffung. Und wenn er wandern geht, sucht er dafür Fisch- und Pilzgebiete aus, so dass er auch etwas zum Essen mitbringen kann. «Wenn ich die Kinder dabei habe, haben allerdings sie Priorität, da wird dann halt mehr gebadet als gefischt und mehr geplaudert, gespielt und gegessen als Pilze gesucht.» Reine Freizeit sind für ihn dagegen die Fernsehabende, die vor allem im Winter vorkommen. Er schaut sich Eishockeyspiele und Dokumentationen an, da kann er sich entspannen.

Was die Schönbächlers als ganze Familie sehr gerne machen, sind Ausflüge auf dem weitverzweigten Holzerstrassennetz. «So lernen wir immer wieder neue schöne Gegenden kennen, sehen Wildtiere und verbringen so wertvolle Zeit zusammen», sagt Christine. Im Winter sind sie oft mit den Schneeschuhen unterwegs. Dann sind zwar weniger Tiere zu sehen, dafür aber deren Spuren, und da ist es dann manchmal eine knifflige Quizfrage, zu welcher Tierart eine Fährte gehört. Auch Kanu fahren auf den verschiedenen Seen in der Nähe oder mit dem Motorboot auf dem Fluss sind Freizeitaktivitäten der ganzen Familie.

Hermann ist im Übrigen nicht der einzige Angler in der Familie. «Wir alle fischen und haben schon manchen Erfolg an Land ziehen können», sagt Christine lachend. Lachs, den sie nicht grad fangfrisch über dem Feuer grillieren, wird entweder eingefroren oder zu Rauchlachs verarbeitet. Die Methode der Immigranten aus der Schweiz erfreut sich dabei grosser Beliebtheit: «Wir werden von Nachbarn gebeten, auch ihren Fisch zu räuchern.»

Ein Ausflugsziel, das die Schönbächlers besonders fasziniert, sind die Lavafelder. Nur 40 Minuten nördlich ihres Anwesens gerät man in einen fast 40 km langen Lavastrom, der von einem Vulkanausbruch vor ca. 250 Jahren herrührt. Bis zu 30 Meter dick hat die Lava das Tal damals aufgefüllt, einen See gestaut und einen Flusslauf geändert – und noch heute sind Teile des Tales kaum bewachsen auf der erkalteten Lava. Gerne erkundet die Familie diese geologisch faszinierende Gegend, welche mitten im Wald sogar eine heisse Quelle versteckt.

Katzen als gefährdete Mitbewohner

Ende Mai 2010 kam ein neues Familienmitglied hinzu, der junge, schwarzweisse Kater Bockitay. Er lernte zwar Mäuse zu fangen, doch war er anfangs oft verspielt und liess sie wieder entwischen. «Im Haus drin war ich mit dem ‹Tätschfälleli› – mit Apfel fängt man Mäuse! – der bessere Mäusejäger als er», spottet Christine. «Eine sooo gutmütige Katze ist uns noch nie begegnet.» Vor allem Richi konnte mit ihm machen, was er wollte, Bockitay liess alles mit sich geschehen.

Genau ein Jahr später, im Mai 2011, lief den Schönbächlers eine junge Katze zu. Sie wurde Lynx getauft. Bockitay verliebte sich auf der Stelle in sie, und Mitte Juli hatte man die schöne Bescherung. Zwei süsse kleine «Büseli» erblickten das spärliche Licht in Christines Kleiderschrank: der rothaarige Micio und Loonie, der dem Papa wie aus dem Gesicht geschnitten ist. Der getigerte «Tigi» folgte im nächsten Wurf mitten im Winter. Kurz darauf ist der streunende Bockitay verschwunden. Lange haben die Kinder gehofft und gebetet, dass er zurückkomme. Im Mai ist dann auch Lynx verschwunden.

Der wahrscheinlichste Grund für ihr Verschwinden ist, dass sie Opfer von Wildtieren wurden. Das haben die Schönbächlers den Kindern von Anfang an klar gemacht. «Wir leben im Busch, da müssen wir immer damit rechnen, dass die Katzen nicht nur jagen, sondern auch gejagt werden.»

Seit Katzen im Haus sind, hat es keine Mäuse mehr. Alle Katzen sind gute Jäger, neben Mäusen erwischen sie auch Eichhörnchen, Vögel, sogar ein Moorhuhn haben sie schon mal erwischt. Und im Winter fanden sich schon Kaninchenfellreste ums Haus.

Gott für gute Ehe dankbar

Er sei Gott dankbar, dass Christine und er es so gut hätten miteinander, meint Hermann, dass sie die gleichen Ziele und Werte hätten und erwachsen genug seien, über Probleme und anstehende Entscheidungen in einem vernünftigen Ton zu diskutieren. «Wir sind beide sehr selbstständige Menschen die einander viel Freiraum lassen», meint Christine. «Wir akzeptieren, respektieren und vertrauen einander.» Hermann ist ein überzeugter Familienmensch, er denkt, dass die Familie die Lebensform ist, «wofür wir Menschen ursprünglich gemacht worden sind».

Als praktizierende Christen beten die Schönbächlers jedesmal vor dem Essen – in kindgerechter, spielerischer Form, versteht sich – und alle 14 Tage gehen sie in Terrace in die Kirche. «Der Glaube gehört zu uns, zu unserem Leben, zu unserer Lebenseinstellung», bekennt Christine, «wir haben beide viele Ups und Downs erlebt, das hat uns näher zu Gott gebracht.»

Einer ihrer Lebensgrundsätze ist zum Beispiel der folgende Satz des brasilianischen Befreiungstheologen Dom Helder Camara: «Sag ja zu den Überraschungen, die deine Pläne durchkreuzen, deine Träume zunichte machen, deinem Tag eine ganz andere Richtung geben – ja vielleicht deinem Leben. Sie sind nicht Zufall. Lass dem himmlischen Vater die Freiheit, selber den Verlauf deiner Tage zu bestimmen.»

Die Frage, ob sie es noch gar nie bereut hätten, ausgewandert zu sein, findet bei beiden immer eine klare Antwort: «Nein, nie, hier haben wir das ultimative Glück gefunden», sagt Hermann mit Nachdruck. «Hier ist uns wohl, hier gehören wir hin.» Sind sie also an der falschen Stelle auf der Erde geboren worden? «Genau», bestätigt Hermann «und 100 Jahre zu spät...»

Kinder im Paradies

Wenn die Fantasie zur Wirklichkeit wird

Die beiden grösseren Kinder haben den Umzug nach Kanada im Januar 2010 schon bewusst erlebt. Natascha war zu jenem Zeitpunkt viereinhalb, Richi zweieinhalb Jahre alt. Anfangs vermisste vor allem Natascha ihre «Gspändli» und das Grosi, Hermanns Mutter Elisabeth. Beide passten sich jedoch schnell an die neue Situation an, wie das kleinen Kindern gegeben ist, und genossen das Neue und die Freiheit, die sie hier haben. Sie fanden auch neue Freunde. Damit sie trotzdem mit ihren Schweizer Freunden in Kontakt bleiben, hilft ihnen Christine ab und zu, einen Brief zu schreiben oder ein Foto zu schicken.

Das Einzige, was die Kinder anhaltend vermissen, ist das Zugfahren. «Nach Biel zurück sehnen sie sich dagegen überhaupt nicht», sagt Christine, «dafür ist es hier viel zu toll.» Für kleine Kinder ist das hier tatsächlich ein Paradies: Die Kinder dürfen sich innerhalb der Umzäunung auf der Lichtung bewegen wie sie wollen, und das auf einer Fläche, die gut und gerne so gross ist wie ein Fussballplatz. Weiter stehen ihnen ein grosses Trampolin und ein grosser Spielturm zur Verfügung, den Hermann für sie gebaut hat – natürlich aus Holz. Und schliesslich können sie auf dem eigenen Areal Feuer machen und im Winter Schlittschuh laufen und schlitteln.

Draussen fahren Natascha und Richi am liebsten Velo oder spielen mit Sand und Wasser, drinnen sind die Legos, die Kügelibahn, das Kneten und der Fernseher ihre Favoriten. Natascha malt, schreibt und bastelt enorm gerne, Richi entspannt sich oft, indem er Musik oder Geschichten hört. Meistens spielen sie schön miteinander, zanken sich nur sehr wenig. Beide haben Alexandra von Anfang ins Herz geschlossen und beziehen sie beim Spielen oft mit ein. Natascha übernimmt gerne ab und zu das «Babysitten», damit Christine eine halbe Stunde die Hände frei hat.

Langer Schulweg als Genuss

Am 1. Juni 2010 konnte Natascha ihren fünften Geburtstag feiern. Und genau einen Monat später, pünktlich zum kanadischen Nationalfeiertag, verlor sie ihren ersten Zahn. Darauf war sie mächtig stolz. Als sie dann im Herbst in den Kindergarten kam, mussten Christine oder Hermann sie anfangs täglich nach dem Mittagessen ins 50 Kilometer entfernte Terrace fahren. Das war zwar sehr aufwendig, doch sollte sie die Möglichkeit haben, in den «Chindsgi» zu gehen und dort die neue Sprache zu lernen. Am Nachmittag konnte sie dann mit dem Schulbus heimfahren.

Im Herbst 2011 kam Natascha in die erste Klasse. Seither fährt sie auch auf dem Hinweg mit dem Schulbus. Sie tut das nicht etwa ungern, wie Christine befürchtet hatte, sondern liebt es, weil es ihr den Kontakt zu Gleichaltrigen ermöglicht. Kinder im Alter der Schönbächler-Kids hat es in Rosswood nämlich leider nur sehr wenige. Viele sind schon im Teenageralter. Mehr als einmal hätte Natascha mit Hermann oder Christine in die Stadt fahren können, doch stand sie lieber früher auf, um mit dem Schulbus fahren zu können. Auf ihre Kosten kommen die Kinder punkto andere Kinder auch in der Sonntagsschule ihrer freikirchlichen Gemeinde. Richi ist im Herbst 2012 eingeschult worden.

Am Morgen fährt der Bus erst noch zu zwei anderen Schulen, ehe Natascha und Richi abgeladen werden. Über Mittag bleiben alle Kinder in der Schule, und jedes hat sein Essen dabei. Nach der Schule werden Natascha und Richi mit den anderen Kindern, die per Bus kommen, noch 40 Minuten betreut, bis die Kinder von den beiden anderen Schulhäusern abgeholt sind. «Diese Wartezeit nutzen die Kinder als Spielzeit, und die ist für sie ganz wichtig», betont Christine. Der Bus hält viele Male, um Kinder ein- oder aussteigen zu lassen, und da die Schönbächlers am Nordende von Rosswood wohnen, sind sie am Morgen die ersten die einsteigen, und am Abend die letzten die aussteigen.

«Der Elch ist los»

Neben der Haustür hängt eine Tafel, auf der steht «The moose is loose». Christine, die Elche sammelt, hat sie einmal von einer Freundin geschenkt bekommen. «The moose is loose» heisst wörtlich übersetzt «Der Elch ist los» und bedeutet so viel wie bei uns «Hier geht die Post ab». Dieser Spruch trifft den Nagel auf den Kopf, denn bei den Schönbächlers geht es trotz der abgeschiedenen Wohnlage keineswegs ruhig und gemächlich, sondern turbulent zu und her. Die drei Kleinen halten Christine ganz schön auf Trab. Sie ist dem allerdings gewachsen, denn sie ist vif und dynamisch – eine Powerfrau, wie man heute sagt.

Christine betreut aber nicht «nur» die Kinder, den Haushalt und die Wasserversorgung, kümmert sich um die Öffentlichkeitsarbeit und koordiniert die Besucher, sondern besorgt dazu auch noch den grossen Garten. «Wir haben diesen Garten so übernommen, es wäre doch schade, ihn verwildern zu lassen», sagt Christine. «Zudem fasziniert es uns, aus der Natur zu leben. Aber da muss ich selber noch ganz viel lernen.» Sie möchte den Kindern zeigen, was es braucht damit etwas wächst, oder wie Fleisch verarbeitet werden muss. «Wir sind allerdings bei weitem keine Selbstversorger», stellt sie klar, «der Aufwand dafür wäre riesengross, und dazu möchten und kön-

nen wir uns die Zeit im Moment nicht nehmen.» Christine kocht und bäckt auch sehr gerne. Wäre sie anders, wäre das Leben hier am Rande der Zivilisation gar nicht möglich.

«The moose is loose» verwendet Christine auch als Titel für die Rundbriefe beziehungsweise «Rund-Mails», die sie alle paar Monate an Freunde und Verwandte sendet und in denen sie jeweils über das Neuste aus Rosswood berichtet. Darin nehmen die Kinder natürlich breiten Raum ein, und so manche Bemerkung ist amüsant. Beispielsweise: «Ende Monat wird Richi drei, doch passt er noch in die Kleider von Zweijährigen und benimmt sich in vielen Dingen bereits wie ein Vierjähriger.» Oder: «Natascha ist super integriert in der Schule. Sie war zum Beispiel schon an drei Geburtstagspartys eingeladen. Eine war sogar eine Bubenparty. Sie war als einziges Mädchen da (und hatte Spass dabei).» Oder: «Die Kinder spielen gerne und schön miteinander. Natascha sagt, was gespielt wird, und solange Richi mitmacht, haben sie die beste Zeit zusammen.» Richi beschreibt Christine als «Mamahöck» oder «Schlitzohr», aber auch als «liebenswürdig und unglaublich hilfsbereit». Und vielsagend: «Wie Natascha, fehlt es auch ihm nicht an Selbstständigkeit und Durchsetzungswillen!» Ganz die Eltern...

Alexandra, die Erobererin

Schon Monate vor ihrer Geburt war Alexandra ein Thema: «Natascha freut sich unglaublich auf das Baby. Sie spricht täglich davon und hofft natürlich, dass es ein Mädchen wird – und logisch, Richi möchte lieber einen Jungen.» Und Anfang Februar dann: «Nach einem beschwerdereichen letzten Monat und langem Warten ist am Samstag, 22. Januar, um 1.15 nachts in Terrace BC, Kanada, nach einer kurzen und komplikationslosen Geburt unser ‹Töchterli› Alexandra Estelle Jade zur Welt gekommen. Wir sind seit ein paar Tagen zu Hause und lernen uns langsam kennen.»

Die Geburt von Alexandra war für Christine und Hermann das schönste Einzelereignis in der neuen Heimat. Sie hätten sich schon lange ein drittes Kind gewünscht, sagt Hermann, aber sie hätten zuwarten wollen, bis sie aus der Wohnung in der Stadt raus gewesen seien. Ihn, den gestandenen Mann, haut nicht so leicht etwas um. Aber Alexandra hat es geschafft: «Christine mit dem Säugling in unser Haus in unserem Busch zu holen, hat sehr viele Rezeptoren in mir stimuliert», erzählt Hermann.

Neben der lange ersehnten Geburt eines dritten Kindes gab es damals zudem das «einjährige Ankommen» in Rosswood zu feiern. Noch unter dem beglückenden Erlebnis der Geburt schrieb Christine damals die bewegenden Worte: «Viele Gründe zum Feiern in diesen Tagen. Wir sind Gott enorm dankbar für alles, was wir in diesem Jahr erleben durften, und für all die Bewahrung in allem, was bisher geschah. Wir haben ein neues Zuhause gefunden, wo sich die Kinder wohl fühlen und wo uns liebe Nachbarn, eine neue Kirchgemeinde sowie neue Freunde beschieden worden sind. Nun dürfen wir auch noch ein gesundes Baby in den Armen halten.»

Alexandra erweist sich als richtiger Wirbelwind: «Sie rutscht auf dem Hosenboden rum, steht überall auf wo es geht, und räumt ab was sie nur erwischen kann», heisst es einige Monate später. «Ich habe alle Hände voll zu tun mit ihr, aber sie schläft sehr gut und ist ein strahlender Dreikäsehoch.» Mit 13 Monaten läuft sie zum ersten Mal. «Sie klettert aufs Sofa, steigt in Schubladen hinein und kraxelt natürlich auch die Treppen hoch und runter. Sie ist ein zufriedenes Mädelchen und liebt es, draussen zu sein. Eine Fahrt mit dem Quad lässt sie vor Freude kreischen! Ihr Lieblingswort ist ‹Bär› (‹Bae›). Und sie fremdet ganz grossartig. Unser 16-jähriges, sehr schüchternes Nachbarsmädchen Kiah ist die einzige, die sie im Moment ausserhalb der Familie hüten kann.»

«Frühestenglisch»

Umständehalber hatten Natascha und Richi – der von den Einheimischen «Ricky» genannt wird – nicht erst Frühenglisch, sondern sozusagen «Frühestenglisch». Wobei das westkanadische Englisch eher an dessen amerikanische Ausformung erinnert als an jenes Englisch, das man bei uns in der Schule lernt. Natascha erlernte die neue Sprache problemlos. Als Kleinkind hatte sie spät zu sprechen angefangen, und dann erst sehr unverständlich. Heute plaudert sie perfekt in beiden Sprachen. Im Lesen gehört sie in ihrer Klasse sogar zu den Besten. Auch sonst kommt sie in der Schule gut mit. Richi hatte länger, bis er gut Englisch sprach. Er war ja seit der Einreise nicht gerade täglich unter englischsprechenden Menschen. Richi konnte viel von seiner grossen Schwester profitieren. Inzwischen ist auch er «Bilingue». Alexandra lernt von anfang an problemlos beide Sprachen.

Zu Hause sind die Kinder gehalten, schweizerdeutsch zu sprechen. Wenn sie miteinander spielen, verfallen sie allerdings bisweilen unwillkürlich ins Englische. Das wird toleriert. Aber, macht Christine klar: «Wir Eltern ‹verstehen› es dann einfach nicht.» Beide konnten wegen ihrer vielen Reisen durch Nordamerika schon vor der Auswanderung fliessend Englisch. Christine bringt den Kindern das Alphabet auch auf Deutsch bei, denn sonst können die Kinder später nur englische Bücher lesen. «Dass schweizerdeutsche Sprache und deutsche Schrift nicht gleich sind, ist dabei eine besondere Schwierigkeit», sagt sie. Die Eltern pflegen die Muttersprache aber auch aus einem elementaren Grund: «Wir möchten, dass die Kinder Schweizerdeutsch und Deutsch beherrschen, damit sie später einmal selbst wählen können, ob sie in Kanada oder in der Schweiz leben möchten.» Ziel ist es, dass alle Familienmitglieder eines Tages Doppelbürger werden. Alexandra ist es schon jetzt, da sie in Kanada zur Welt gekommen ist.

Strenger Vater mit weichem Kern

«Ich glaube, dass man den Kindern den besten Dienst tut, wenn man ihnen von Anfang an beibringt, dass Ungehorsam, Fehlverhalten und falsche Entscheidungen Konsequenzen haben – machmal sogar gravierende», fasst Hermann seine Erziehungsphilosophie zusammen. «Wer seine Kinder liebt, züchtigt sie» und «wer nicht arbeitet, soll auch nicht essen» steht in der biblischen Botschaft, auf der Hermann und Christine ihr ganzes Leben ausgerichtet haben. «Anstand und Respekt, Mithilfe und Dankbarkeit gehören in unseren Alltag», ergänzt Christine. «Hier am ‹Rande der Zivilisation› geht es nur, wenn wir als Team zusammenhalten und zusammenarbeiten». So haben die Kinder zum Beispiel ihre kleinen Ämtli, die erledigt werden müssen. Sie werden dafür aber auch belohnt. Christine und Hermann hoffen, dass ihre Kinder als Erwachsene dann dasselbe Selbstverantwortungsgefühl entwickelt haben wie ihre Eltern.

Hermann ist jedenfalls ein Vater, der seinen Kindern viel Zeit schenkt – und Zeit ist bekanntlich das wertvollste Geschenk für Kinder. Bei ihm sind es weit mehr als jene 20 Minuten pro Tag, die sich Väter in der Schweiz laut Statistik durchschnittlich mit ihren Kindern abgeben. Und Hermann hat auch eine weichherzige, ja sogar eine verspielte Seite. Wenn man Natascha und Richi fragt, ob sie den Daddy gern haben, kommt jedenfalls wie aus einem Mund ein begeistertes «Jaaaa!».

Kinder im Paradies

Aus dem Wald leben

Alles dreht sich ums Holz

Ihren Lebensunterhalt haben die Schönbächlers schon immer auf mehrere Arten verdient. Diversifiziert, wie man im Wirtschaftsleben sagt. Es gibt aber doch eine Gemeinsamkeit: Es hat alles mit dem Wald zu tun.

Holzen wird viel besser bezahlt

Holzen ist ein gefährliches Metier. In der Schweiz ist es der Beruf mit den meisten tödlichen Unfällen. Das unbestreitbar hohe Berufsrisiko findet heutzutage allerdings keine Anerkennung, in Form von guten Löhnen, mehr. Das war früher anders, so Hermann: «In den 70er-Jahren konnte man als Akkord-Holzer noch sehr gut Geld verdienen.» In Kanada ist die Wertschätzung für Waldarbeit jedoch gross. Da verdient man als Holzfäller gut bis sehr gut. «Je mehr einer bereit ist, in steilen und abgelegenen Lagen zu arbeiten, desto grösser ist sein Verdienst», sagt Hermann. Auch Forstmaschinenführer würden sehr gut verdienen. Kurze Zeit nachdem er in Kanada zu arbeiten begonnen hatte, wurde Hermann übrigens vom kanadischen Pendant der SUVA zurückgepfiffen. Er müsse erst die kanadische Holzfällerprüfung machen, bevor er weiterfällen dürfe, hiess es. Nicht ganz überraschend bestand er diese dann mit Bravour...

Dass Waldarbeit ihre Tücken hat, erfuhr Hermann im April 2011 am eigenen Leib: Das erste Mal seit 19 Jahren musste er wegen eines Arbeitsunfalls zum Arzt, und zwar, weil bei der Bearbeitung von Sturmholz ein Baum «beim Aufschlagen auf das liegende Holz so rumgetanzt war, wie ich es absolut nicht erwartet hatte». Mit 18 Stichen musste wenige Zentimeter über dem rechten Auge genäht werden. «Während Tausenden von Stunden Kletterarbeit auf Bäumen und bei steilster Gebirgsholzerei in Schluchten ist dagegen nie etwas passiert», sagt er in einer Mischung aus Verdruss und Verwunderung über das Malheur.

Bei der Arbeit ist Hermann sehr leistungsorientiert. Auch arbeitet er gerne allein, geniesst es, wenn er seinen Rhythmus nicht einem anderen und meist Schwächeren anpassen muss. Auf die Frage, ob es nicht öde sei, einsam und allein in den unendlich grossen Wäldern zu arbeiten, kommt wie aus der Pistole geschossen: «Nein, im Gegenteil, das ist herrlich!»

Er ist indes nicht einfach ein «Chrampfer», sondern hat auch eine «gspürige» Seite. So schwärmt er, dass man, wenn man alleine jage, fische oder Pilze sammle, die Sinne total auf die Natur einstellen könne: «Da sieht oder fühlt man Dinge, die einem Menschen, der dauernd auf andere fixiert ist, verborgen bleiben.» Zur Abwechslung sei es aber auch sehr schön, sich mit Gleichgesinnten auszutauschen «oder diese Dinge jenen mitzuteilen, die diese Rezeptoren bis jetzt nie benutzt haben».

Kein einfaches Arbeitsverhältnis

2010 arbeitete er auf der Holzpacht von Morgan. Die Zusammenarbeit mit ihm gestaltete sich indes von Anfang an schwierig. Dass Hermann nicht als Partner ins Geschäft würde einsteigen wollen, war ihm früh klar. Und der Sturm veränderte dann eh alles. Morgan hatte keine Erfahrung darin, Windfall zu holzen oder ein Team von fünf Mann und drei Maschinen zu managen. Das war für ihn einfach eine Nummer zu gross. Er holte sich zwar immer wieder Ratschläge bei Hermann – der genau diese Erfahrungen mitbrachte – setzte aber nie einen davon um. So konnte dieser seine Kenntnisse und Erfahrungen nie wirklich einbringen. Morgan und er haben einfach nicht die gleichen Vorstellungen, was Qualität, Berufsstolz, Sicherheit und Effizienz anbelangt. So arbeitete Hermann 2011, im zweiten Kanada-Jahr, nicht mehr viel für Morgan. Privat verstehen sich die beiden aber trotzdem gut und sehen sich regelmässig.

2011 beschäftigte sich Hermann primär mit eigenen Projekten, wie dem Aufbereiten von Brennholz, dem Bau eines Autounterstandes, dem Ausbau von Alexandras Zimmer und der Fertigstellung der Gästewohnung. Dazu kamen im Juni die Teilnahme an der Schweizer Meisterschaft im Sportholzfällen sowie im Herbst zwei Monate professionelles Pilzesammeln. Geld kam trotzdem herein: durch den Ver-

kauf von Sturmholz aus dem eigenen Wald, durch den Erlös aus dem «Pilzlen» sowie durch das Preisgeld für seinen dritten Platz an der Sportholzfäll-Meisterschaft.

Der Winter 2011/2012 war ausgesprochen schneereich. Vier Meter fielen nach der Privatmessung der Schönbächlers insgesamt. Im Januar lagen einmal 1,5 Meter Schnee. Im selben Monat fiel das Thermometer auf den Tiefststand von minus 28 Grad. Allerdings war es ein ständiges Auf und Ab mit den Temperaturen. «Das hat uns eine tolle Eisbahn vor die Haustür gezaubert», so Christine. «So lernten Natascha und Richi auf unserem Hausplatz Schlittschuh laufen.»

Deswegen konnte Hermann Anfang Jahr verschiedene Projekte nicht realisieren und war zu etwas mehr Ruhe «gezwungen». Zudem liessen Ersatzteile für den Traktor auf sich warten. Das Warten auf Schneeschmelze und Traktor nutzten die Schönbächlers für viele Schneeschuhtouren. «Diese Zeit haben wir als Familie sehr genossen», sagt Christine.

Im Juni 2012 war Hermann wieder in der Schweiz, um an der nationalen Sportholzfäll-Meisterschaft teilzunehmen – wo er Zweiter wurde – und vorgängig als Trainer zu arbeiten. Im Juli und August rüstete er auf den Liegenschaften von Nachbarn Sturmholz auf. Ende August baute er für eine «Fishing-Lodge», ein Landhotel für Ferien-Fischer unter Schweizer Leitung in Terrace, einen riesigen Autounterstand. Im Herbst erstellten die Schönbächlers auf ihrem Gelände einen weiteren Unterstand, diesmal für die Bandsäge, die sie von Morgan übernommen haben. Das erlaubt ihnen, aus den Bäumen selbst Bretter zu produzieren. Sie wollen versuchen, auch so etwas Einkommen zu generieren, ihr Familienunternehmen also weiter zu diversifizieren. Auch 2012 hat Hermann somit nur wenig für Morgan gearbeitet.

Professionelles «Pilzlen»

Auch in der Schweiz haben die Schönbächlers als Hobby Beeren und Bärlauch gesammelt. Hier in der Region ist das anders, hier ist zum Beispiel das Pilzesammeln «auch ein Mittel, um Einkommen zu generieren», so Hermann, «ein wichtiger Nebenerwerb». Man setzt dafür sogar High-Tech ein: Weil es von den Gebieten hier keine genauen Karten gibt, markiert man ertragreiche Ecken im Wald mit einem GPS-Punkt, damit man sie im folgenden Jahr wieder findet. Für Hermann ist dies die schönste seiner Erwerbstätigkeiten. «Die endlosen Wälder durchstreifen, Sümpfe und Flüsse durchqueren, Hügel und Berge besteigen und abends in der Einkaufsstation einen meist sehr guten Taglohn abholen – kann es noch Besseres geben?», schwärmt Hermann.

Hier wächst neben vielen weiteren guten Pilzen auch der Pine-Mushroom, auch White Matsutake genannt, der bei den Asiaten als absolute Delikatesse gilt. Unter anderem wächst er sogar auf ihrem eigenen Grund und Boden. Bis vor etwa zehn Jahren verdienten die Pilzsammler sehr gut an ihm. Dann bildete sich unter den Einkäufern und Vermarktern aber ein Kartell und Pilzsammler wurden nur noch mit Trinkgeldern abgespiesen. Demgegenüber stiegen die Margen in astronomische Höhen. 2010 war der Preis total am Boden. 2011 beschloss eine von ehe-

maligen Sammlern gegründete Firma, diese Ausbeutung zu bekämpfen und einen gerechten Teil des Kuchens an die Pflücker abzutreten.

Bei der neuen Firma gab es für ein englisches Pfund (454 Gramm) erstklassige Qualität zwischen 8 und 37 kanadische Dollars. Vor 20 Jahren hatte man in einer Pine-Mushroom-Saison, die etwa zwei Monate dauert, bis zu 300 Dollar pro Pfund bekommen. So hatte man mehrere tausend kanadische Dollars verdienen können. «So etwas geht heute nicht mehr», macht Hermann klar, «aber mit dem Pilz-Geld haben wir den Winter 2011/2012 überlebt.»

Zum Leben aus dem Wald gehören bei den Schönbächlers auch Güter, mit denen sie zwar nicht Geld verdienen, die aber gleichwohl zum Lebensunterhalt beitragen. Das sind die diversen essbaren Pflanzen, die der Wald im Angebot hat, allen voran wilde Beeren. Diese lassen sich einfrieren oder zu Konfitüre, Sirup oder Dessert verarbeiten. Viele schmecken auch getrocknet und sind dadurch gleichzeitig haltbar.

Sie möchten gerne noch mehr lernen, was aus der Natur nutz- und geniessbar ist. Immer wieder ergeben sich Gelegenheiten, etwas dazuzulernen.

Dominator des Sportholzfällens in der Schweiz

Kaum mehr eine Erwerbsquelle sind die Siegesprämien aus dem Sportholzfällen, zu dem Hermann seinerzeit durch «das Verlangen, mehr handwerkliches Geschick zu entwickeln und die Faszination, aus dem Beruf einen Sport zu machen», gekommen war. Auf nationaler Ebene war er der Dominator dieser speziellen Sportart, und auch auf internationaler Ebene konnte er grosse Erfolge feiern. Seit 2002 führt die deutsche Firma Stihl, Weltmarktführerin bei der Herstellung von Kettensägen, in den Flumser Bergen die Schweizer Meisterschaft in ihrer Version, genannt «Stihl-Timbersports-Serie», durch. Nicht weniger als fünfmal, nämlich 2005, 2006, 2007, 2008 und 2010, wurde Hermann da Schweizermeister und die anderen Jahre stand er jedesmal auf dem Treppchen. An den Europameisterschaften 2007 und 2008 wurde er Zweiter, 2008 sogar mit einem neuen Europarekord in der Disziplin Hot Saw. Vier weitere Male belegte er an Europameisterschaften den dritten Platz. 2006 und 2007 wurde er mit dem Schweizer Team zudem Mannschaftseuropameister. Sein grösster Erfolg aber war der dritte Platz an der WM 2007 im deutschen Oberstdorf, als bester Europäer.

«Die Sache mit dem Sportholzfällen ist mir einfach so passiert», sagt Hermann heute. Er betrieb die Sportholzfällerei indes nie ausschliesslich für sich, sondern gab seine Erkenntnisse immer auch weiter. So wurde aus ihm der erste anerkannte Trainer in der Schweiz, und noch immer wird er von Stihl für das Trainingscamp, das im Vorfeld der Schweizer Meisterschaft für Anfänger und Fortgeschrittene durchgeführt wird, engagiert. Diese Aufgabe sei für ihn heute viel wichtiger als die Meisterschaft, betont er.

Inzwischen hat das Sportholzfällen aber nicht mehr denselben Stellenwert wie früher, «weil es durch Anderes, Besseres ersetzt worden ist». Allerdings ist noch immer mit ihm zu rechnen: Obwohl er kaum noch trainiert, ist er an der Schweizer Meisterschaft 2011 Dritter und 2012 sogar Zweiter geworden. Die harte Arbeit als Holzer in den Wäldern Kanadas zahlt sich also aus...

In der Schweiz hatte zum Leben aus dem Wald auch das «Schnitzen» von Holzskulpturen mit der Kettensäge beigetragen. Auch Christine hatte dieses ziemlich besondere Kunsthandwerk schliesslich erlernt. Eigentlich hatten die Beiden beabsichtigt, auch in Kanada damit an Weihnachtsmärkte zu gehen und zu diesem Zweck im Sommer 2010 einige Skulpturen gefertigt. Doch die Zeit nach dem Sturm im Herbst 2010 war so arbeitsintensiv, dass sie die Prioritäten anders setzen mussten und bis jetzt nie an einen Markt gegangen sind. «Hie und da schnitzen wir etwas zum Verschenken oder als Dekoration, Einkommen bringt das Schnitzen aber im Moment nicht», hält Christine fest.

Ein Sturm zerzaust Träume

Der Jahrhundertsturm vom Oktober 2010

Das Datum des schlimmsten Tages, den sie in Rosswood bisher erlebt haben, wird den Schönbächlers immer ins Gedächtnis eingebrannt bleiben. Es war der 10. Oktober 2010, der 10.10.10, ein Sonntag. In Kanada wurde an jenem Tag bei einem Truthahn-Festessen das wichtige Erntedankfest (Thanksgiving) gefeiert.

Zwei unheimliche Stunden

Genauer gesagt war es die Nacht davor. Am Abend des 9. Oktober hatten Christine und Hermann noch den ersten Jahrestag der Grundstücksübertragung auf ihren Namen gefeiert, und Natascha hatte ihren zweiten Zahn verloren. Dann, in der Nacht, geschah es: Ein gewaltiger Orkan in «Lothar»-Stärke fegte über Rosswood hinweg, mit Spitzengeschwindigkeiten bis zu 200 Stundenkilometern. Ein ausgedehntes Sturmtief überzog an jenem Abend den ganzen Nordwesten Kanadas. Nirgends aber wütete es so heftig wie in diesem Tal.

«Es war unheimlich, wie der Wind blies und die heftigen Böen am Haus zerrten und rüttelten», erinnert sich Christine. Reihenweise barsten – teilweise unter lautem Knallen – rund ums Haus Bäume, so, als ob es Zahnstocher wären. Die Stromleitung fiel in einem Funkenregen von den Holzmasten herunter. «Natascha war wach und bekam den ganzen Schrecken mit, man hörte sie voller Angst beten.»

Genau damals war Denise Schneitter vom Schweizer Fernsehen wieder einmal zu Besuch. Da das Gästehaus damals noch nicht fertig war, übernachtete sie jeweils im Camper der Familie vor dem Haus. Kurz nach Beginn des Orkans holte Hermann sie da jedoch raus. Eine Viertelstunde später fiel – nur etwa vier Meter neben dem Camper – unter lautem Krachen ein Baum nieder.

Immense Zerstörungswut

Das Ausmass der Schäden, die am folgenden Morgen zu Tage traten, war enorm. Der Sturm hatte nur etwa zwei Stunden gedauert, doch seine Zerstörungswut war immens. Zunächst setzte Hermann den Generator in Betrieb, um den Stromausfall zu überbrücken. Es war klar, das dieser Ausfall lange dauern würde. Den Strombedarf des Hauses vermag das Notstromaggregat vollumfänglich zu decken. Stark genug, auch die Wasserpumpe zu betreiben, ist es hingegen nicht. So gab es nun kein fliessendes Wasser. Dafür waren einige Kanister Wasser vorhanden. Die hatte Hermann am Vortag gefüllt, weil der Strom schon da während ein paar Stunden ausgefallen war. Dann musste er die Zufahrt freisägen. Etwa ein Dutzend Bäume versperrten den Weg.

Als Nächstes hiess es schauen, wie es den Nachbarn ging. Strom gab es nirgends mehr, Telefon genauso wenig. Ein Auto lag unter einem Baum, fast alle Zufahrten waren durch geknickte Bäume versperrt. Ein Bewohner hatte sage und schreibe 80 Bäume auf seiner Zufahrt und den Sportwagen seiner Besucher darunter! Hermann half, wo er konnte. Auf der Hauptstrasse lagen Dutzende von Bäumen. «Unser Traktor war Gold wert, Hermanns Einsatz unbezahlbar!»

Der Zusammenhalt und die Nachbarschaftshilfe gleich nach dem Sturm waren beeindruckend. Den ganzen Sonntag und Montag über räumten und holzten die Bewohner. Hilfe aus Terrace war hingegen weit und breit nicht zu sehen. Es dauerte eine ganze Weile, bis die dort überhaupt begriffen hatten, was in Rosswood abgegangen war. Erst ab Dienstag waren Fachleute zu sehen, welche die Elektrizitätsversorgung und die Telefonleitungen reparierten. Nun holzten endlich auch die staatlichen Dienste. Noch hingen Dutzende von Bäumen in den Stromleitungen, unter denen die Anwohner hindurchfahren mussten...

Rosswoods Gesicht nachhaltig verändert

Auch der Wald der Schönbächlers war betroffen. Am schlimmsten sah es östlich vom Haus aus: Nur wenige Meter ausserhalb der Umzäunung hatte sich eine riesige neue Lichtung gebildet. Hunderte von Bäumen lagen am Boden. Abgesehen davon, dass der Zaun an einigen Stellen beschädigt worden und eine Scheibe des Treibhauses in die Brüche gegangen war, hatten die Schönbächlers indessen keinerlei Gebäudeschäden zu beklagen. Am Donnerstag wurden dann auch die Strom- und Telefonleitungen bei ihnen repariert.

Anders als die neun Hektaren Wald der Schönbächlers rund ums Haus, war Morgans Waldpacht – in der Hermann die nächsten 20 Jahre zu arbeiten gedachte – äusserst hart getroffen worden. Dort lagen Tausende von Kubikmetern Holz am Boden. Der «Thanks-giving-Sturm» hatte gut und gerne einen Drittel der Waldpacht vernichtet, deren Teilhaber oder vielleicht sogar Besitzer Hermann eines Tages sein wollte. Und es war erst noch das Filetstück der Pacht! Ob es je möglich sein wird, mit den verbleibenden zwei Dritteln kostendeckend zu wirtschaften, bleibt abzuwarten.

Bei einem organisierten Freiwilligen-Einsatz halfen viele Einwohner von Rosswood sowie eine Gruppe von etwa 30 Freiwilligen aus der Stadt, weitere Einfahrten zu räumen und Bäume zu fällen. Besonders die älteren Einwohner brauchten Hilfe. Hermann war den ganzen Tag unterwegs, um die gefährlichsten Bäume zu fällen und die Arbeit der Freiwilligen mit zu koordinieren.

Natascha hatte viele Monate Angst, sobald der Wind ein bisschen blies. Wenn sich die Baumwipfel auch nur ein bisschen bewegten, ging sie auf keinen Fall mehr in den Wald. Oft hörte man es tatsächlich immer wieder bersten und brechen, viele Bäume standen schräg und krachten bei Wind ganz nieder.

Insgesamt war Rosswood allerdings glimpflich davongekommen. Zwar waren so ziemlich alle Hauszufahrten durch Bäume und herunterhängende Stromkabel versperrt. Auch waren viele Autounterstände zusammengebrochen und Autos zerdrückt worden. Zudem wurden etliche Werkstätten und Holzschöpfe buchstäblich «vom Winde verweht». Doch es war kein einziges Wohnhaus ernsthaft beschädigt worden. Vor allem wurde niemand verletzt oder gar getötet. Die gröbsten Schäden konnten beseitigt werden. Doch das Aufräumen wird noch sehr lange dauern. Das Gesicht von Rosswood hat sich durch den Sturm nachhaltig verändert.

Bären als Nachbarn

Wenn die Wildnis ein Teil des Lebens wird

Rosswood befindet sich mitten in einem Bären-Gebiet. Das wissen alle, die «Auf und davon» gesehen haben. Darum werden die Schönbächlers von den Schweizerinnen und Schweizern praktisch immer auch gefragt, ob es denn dort nicht gefährlich sei.

Mittlerweile lüpft es Hermann bei diesem Thema schnell den Hut, und es entfährt ihm dann etwa: «Elche sind zehnmal gefährlicher!» Tatsächlich passieren in Kanada viel mehr Zwischenfälle mit Elchen als mit Bären, unter anderem wohl, weil man das Gefahrenpotenzial von Elchen unter- aber dasjenige von Bären überschätzt.

Ein überraschter Bär ist ein gefährlicher Bär

Im Tal, in dem Rosswood liegt, gibt es vor allem Amerikanische Schwarzbären. Grizzlys kommen nur ganz selten vor. Schwarzbären sind grundsätzlich eigentlich nicht gefährlich. Sie sind scheu und gehen den Menschen aus dem Weg. Allerdings werden sie, wie alle Wildtiere, von gewissen Gerüchen und Leckereien angezogen, und manchmal sind sie schlicht und einfach neugierig.

Bei einer Begegnung mit Schwarzbären hängt der Grad der Gefährlichkeit von den Umständen ab. So kann auch ein Schwarzbär einmal schlecht gelaunt sein. Gefährlich wird es zudem, wenn man ein Tier beim Fressen überrascht, oder wenn man einer Mutter mit Jungen begegnet. «Wenn man sich zwischen Mutter und Kind manövriert, wird sogar eine Kuh sehr böse», macht Hermann klar. «Grundsätzlich gilt: Ein überraschter Bär ist ein gefährlicher Bär.»

«Angst muss man keine haben, aber den nötigen Respekt», mahnt Christine. Solange man sich bemerkbar macht – «und mit drei kleinen Kindern ist das ja kein Problem» – suchen Bären gar nicht die Konfrontation. «Und an uns Menschen liegt es, ihnen im Moment der Begegnung Platz zu machen, sprich uns zurückzuziehen.» Zu Hause haben die Schönbächlers ein ganzes Arsenal zum Schutz vor Bären und anderen Wildtieren: scharfes Gewehr, Luftgewehr, Luftpistole, Knallpetarden, Feuerwerk und sogenannten Bärenspray. Wenn sie mit den Kindern allein im Wald unterwegs ist, hat Christine solchen Pfefferspray speziell gegen Bären dabei. Ernste Begebenheiten zwischen Bären und Menschen gab es in Rosswood noch nie, auch nicht mit anderen Wildtieren. Die etwas grösseren Kinder gehen sogar allein auf den Schulbus. «Man lernt, mit und neben diesen Tieren zu leben.»

Dass es in Rosswood viele Bären hat, merkten die Schönbächlers schon bei ihrem ersten Besuch hier. Eingeprägt hat sich ihnen damals auch das Bild von friedlich nebeneinander grasenden Bären und Pferden. Bei der Hausbesichtigung meinte die Vorbesitzerin, da trotte auch schon mal ein Bär den Zaun entlang. Das Vorhandensein dieser Umzäunung war denn auch einer der Punkte, der die Schönbächlers für dieses Haus einnahm. «Die Bären draussen und die Kinder drinnen – im Zoo ist es ja grad umgekehrt...!», scherzt Christine.

Exklusiv: weisse Schwarzbären

Die Schwarzbären haben ihren Namen daher, weil sie meistens schwarz sind – aber nicht immer. Die Färbung kann von schwarz bis braun über hellbraun (zimtfarben) bis sogar weiss sein. Die weissen oder cremefarbenen Bären sind eine Besonderheit der Region, sie kommen nur hier im Nordwesten von BC vor! Es sind nicht etwa Albinos, sondern eine Genmutation lässt das Fell weiss sein. So können schwarze Bärenmütter weisse Babys haben und umgekehrt. Offziell sagt man ihnen Kermodei, hier bei uns werden sie auch Spirit Bear genannt.

Der Kermodeibär spielt eine Rolle in der Mythologie der indianischen Ureinwohner, der «First Nation», wie man heute politisch korrekt sagt. Demnach hat der Schöpfer einen von zehn Schwarzbären weiss gemacht, um an die Zeit zu erinnern, als Gletscher das Land bedeckten. Diese Legende erzählten die Indianer an der Pazifikküste Kanadas seit vielen Generationen. Doch die ersten Europäer, die so weit nach Westen vordrangen, glaubten, dass es sich dabei um reine Fabelwesen handle, denn es dauerte lange, bis sie tatsächlich einen zu Gesicht bekamen.

Erst Anfang des 20. Jahrhunderts konnte Francis Kermodei, der Direktor des Königlichen Museums von British Columbia in der Hauptstadt Victoria, beweisen, dass es solche Bären tatsächlich gab. Und 1924 wurde den Forschern klar, dass es sich bei ihnen weder um eine eigene Art noch um Eisbären handelte, die sich verlaufen hatten, sondern um Amerikanische Schwarzbären. Kermodeibären sind wesentlich bessere Fisch-Jäger als ihre braunen und schwarzen Verwandten, und zwar ganz einfach deshalb, weil die Fische sie aufgrund ihrer hellen Farbe kaum sehen können.

Indianer als frühe Tierschützer

Etwa 500 dieser einzigartigen Tiere gibt es noch. Die Indianer haben einen wesentlichen Beitrag zu ihrer Erhaltung geleistet, denn sie haben die Bären nicht nur selbst nie gejagt, sondern auch konsequent versucht, Trapper und Pelzhändler von ihnen fernzuhalten. Teile ihres Verbreitungsgebietes sind heute von der Abholzung bedroht.

Vor vielen Jahren hatten die Schönbächlers eine Fernsehreportage über diese weissen Bären gesehen. Damals hatten sie geglaubt, man müsse halt schon Wildtierbiologe oder Fotograf sein, um mal ein so seltenes Tier zu Gesicht zu bekommen. «Und jetzt leben wir mitten unter ihnen!», so Christine.

Im Tal, in dem die Schweizer leben, gibt es schätzungsweise drei Exemplare davon. Einer hatte seine Höhle während mindestens zwei Wintern nur zirka fünf Kilometer entfernt auf dem Land ihres Nachbarn Harrisson. Das erfuhr dieser durch ein Missgeschick, als er im Winter einmal in diese Höhle fiel – wobei Bären im Winter ja zum Glück schlafen. Harrisson und seine Frau Stephanie tauften diesen Bär «Apollo» und

filmten ihn mit einer Live-Stream-Kamera im Winterschlaf.

Hermann und Richi sahen «Apollo» einmal in der Zufahrt. Ein andermal konnten ihn Christines Bruder Martin und dessen Sohn Joél in der Nähe beobachten. Christine und Natascha war dieses Glück bis jetzt dagegen nicht beschieden. Durch seine Grösse und seine markante Rotfärbung über den Hinterläufen ist «Apollo» gut identifizierbar. «Gympy», ein anderer Kermodeibär, empfängt die Passagiere am kleinen Flugplatz von Terrace – allerdings in ausgestopfter Form in einer Vitrine. Jemand, der ihn angeblich für einen Grizzly hielt, hat ihn auf einer Wiese neben der Hauptstrasse zwischen Terrace und Rosswood erschossen. Ein Kreuz erinnert an jener Stelle daran.

Vor allem im Frühling anzutreffen

Im Mai sind hier jeweils an allen Ecken und Enden Bären zu beobachten. Im Juni machen sie sich allmählich rar, und ab Juli sind kaum noch welche anzutreffen. Später sieht man sie dann entlang der Flüsse beim Fische-Fressen. Der Grund: Im Frühling fressen Bären Gras und Löwenzahn. Das wächst anfangs vor allem am Strassenrand und auf Lichtungen, wo man die Bären natürlich sehen kann. Wenn sie sich dann auf Beeren und anderes Grünzeug verlegen, sind sie in den Wäldern versteckt. Je heisser es wird, desto höher steigen sie hinauf in die Berge.

Als allererstes nach dem Winterschlaf fressen sie jedoch Stinkkohl, auch Amerikanischer Stinktierkohl, Amerikanischer Riesenaaronstab, Stinkender Willie oder Gelbe Scheinkalla genannt. Durch das Fressen dieser Pflanze, die sich in feuchten Gebieten wie Sümpfen oder Bachläufen befindet, reinigen die Bären nach dem Winterschlaf die Därme.

Im Sommer 2011 war das Futter in der Höhe rar und die Beeren sauer, weil es nicht genug Sonne gab. Da entdeckte Anfang August ein Schwarzbär das Schönbächlersche Erdbeerfeld. Er wartete in der Nähe, bis mal aus Versehen das Tor zum Grundstück nicht geschlossen wurde, und spazierte dann gemütlich rein. Dreimal haben die Schönbächlers das beobachten können. Einmal kam Hermann von der Arbeit heim und stellte das Auto bei der Werkstatt ab. Christine trat aus dem Wohnhaus auf die Zufahrt, um ihn zu begrüssen. Da sah sie, wie der Bär aufrecht neben den Himbeerbüschen stand und schaute, was Hermann da so machte. Das Tor war keine drei Minuten offen. Diesen Bär konnten die Schönbächlers jeweils problemlos mit dem Luftgewehr vertreiben. Den Kindern brachte Christine bei, in solchen Fällen Pfannendeckel aus der Küche zu holen und so richtig Lärm zu machen, während sie mit dem Luftgewehr auf ihn schoss.

Hermanns Bären-Regeln

1. Wer nicht jagt und nicht bewaffnet ist, macht im Wald Lärm, damit ihn die Bären (oder andere Tiere) kommen hören und ihm aus dem Weg gehen können.

2. Hat man das Glück, Bären von der Strasse aus beobachten zu können, bleibt man im Auto (gilt auch bei Elchen).

3. In ein Gebiet, wo es Grizzlys gibt, geht man gar nicht unbewaffnet.

Der Problembär

Ende September 2011 drang ein Bär ins Anwesen der Familie Schönbächler ein, der grössere Probleme machen sollte. Christine schildert die Geschichte mit diesem Problembär:

«Eines Tages kam ich mit den Kindern aus der Stadt heim – Hermann war noch am Pilzesuchen. Als ich zum Haus hin fahre, liegt da, mitten auf dem Hausplatz, Bärenkot. Oh Schreck! Ich suche die Umgebung ums Haus ab – nichts ist zu sehen. Als ich die Kinder ins Haus bringe, liegt da mein Putzkessel vor der Haustür. Er ist voller Bissabdrücke. Ich schaue mich genauer um: Am Apfelbaum sind alle Äpfel gepflückt, ein Ball der Kinder ist zerbissen, diverse Benzin- und Ölkannen liegen vor der Werkstatt verstreut, alles ist zerkaut, es hat Bärentatzenabdrücke an der Werkstatttür, die Brombeeren sind niedergedrückt, der Kompost umgegraben. Da hatte ein Bär den ganzen Tag ein Fest! Ich schaue mich grad vor dem Haus um, als Hermann durchs Tor kommt. In diesem Moment sehe ich den Bär vor der Werkstatt. Als ich das Hermann zurufe, rennt der Bär davon und springt über den Zaun.

Mit der Axt drauf los

In den folgenden zwei Tagen kam dieser Bär immer wieder. Er sprang jeweils über den Zaun, selbst wenn wir zu Hause waren. Luftgewehrschüsse vertrieben ihn nur kurz, Knallpetarden störten ihn nicht besonders. Da Hermann damals noch nicht alle Papiere für die Jagdbewilligung besass, waren wir nicht sicher, ob wir ihn schiessen durften. Als er das nächste Mal in die Nähe kam – wir warteten eben auf den Rückruf eines befreundeten Jägers, ob wir ihn legal schiessen dürften – rannte ihm Hermann unter lautem Gebrüll und mit einer Axt bewaffnet nach. Daraufhin flüchtete der Bär auf einen Baum gleich neben dem Zaun. Ich drückte Daniel, Nataschas Götti, der gerade zu Besuch war, das Luftgewehr und etwas Feuerwerk in die Hand. Damit machten ihm die beiden Männer während etwa einer halben Stunde Feuer unter dem Hintern. Kurz nachdem der Bär dann vondannen getrottet ist, haben wir herausgefunden, dass wir ihn ganz legal hätten schiessen dürfen, als Problembär.

Auch andere Einwohner von Rosswood und Terrace hatten in jenem Herbst viele Probleme mit Bären. Der Sommer war nass und kalt, die Beeren in der Höhe waren nicht recht reif, Nahrung für die Bären war knapp. So blieben viele im Tal unten und kamen in die Nähe der Häuser. Ein Bekannter von uns hatte plötzlich mitten in Terrace einen Bären in der Garage. Und unsere direkten Nachbarn mussten einen Bär schiessen, der sich in ihr Truthahngehege begeben hatte. Bei einer anderen Nachbarin schaute eines Abends ein Bär durchs Fenster. Ein weiteres Tier wurde am ersten Schultag – das war im September – gleich neben der Schule von Natascha in Terrace geschossen.»

Der Bär kehrt zurück

Nach dem Winterschlaf tauchte der Problembär wieder auf. Durch seine Grösse und seine ganz schwarze Nase war er gut identifizierbar. Etwa 500 Meter neben dem Haus hat ihn Hermann im grossen Kahlschlag entdeckt. Näher liess er ihn gar nicht mehr ans Haus herankommen, er hat ihn erschossen. Später konnten sie durch Vergleich von Gebiss und Beissabdrücken bestätigen, dass es sich um den Problembären gehandelt hatte.

Das Erlegen von Bären gehört in Kanada zur Jagd wie bei uns das Jagen von Hirschen und Rehen. Es ist völlig legal. Dies allerdings nur, wenn man die entsprechenden Lizenzen hat. Hermann musste je eine dreitägige Ausbildung für den Jagdschein und für den Waffenerwerbsschein machen. Die Jagdlizenz kostet 32 kanadische Dollars im Jahr. Zusätzlich muss man eine Marke für 20 Dollar pro Bär lösen. Man darf zwei Schwarzbären pro Jahr schiessen. Neben dem Problembär hat Hermann im Frühling 2012 noch ein zweites Exemplar geschossen.

Er hat die beiden Bären ganz verarbeitet, nicht nur das Fell behalten wie viele andere. Bärenfleisch von

Tieren, die im Frühling erlegt werden, ist mager und im Geschmack ähnlich wie Rind. Bei Bärenfleisch vom Herbst ist es anders. Die Schönbächlers haben aus ihren beiden Bären einerseits Trockenfleisch, Jerky, hergestellt. Andererseits haben sie das Fleisch halb und halb mit Rind gemischt und zu «Bären-Burgern» verarbeitet. Auch als Sauerbraten war der Bär schmackhaft. Die Beinschinken haben sie eingelegt und danach tiefgefroren, um sie dann zu Rauchschinken zu verarbeiten. Mancher Besucher aus der Schweiz bekommt von dem Bärenfleisch zu essen, und bislang hat es allen gemundet. Die beiden Felle hat Hermann gerben lassen. Dasjenige des ungebetenen Gastes dient ihm nun als Bettvorleger.

Cedar, der kleine Bär im Vogelfutter

Ende Winter 2011/2012 wurde auf dem staatlichen Land neben der Parzelle der Schönbächlers damit begonnen, die riesigen Windfallflächen, die der Jahrhundertsturm hinterlassen hatte, aufzuräumen. Die Maschinen starteten oft schon vor 5 Uhr in der Frühe. Sie rissen nicht nur die Schönbächlers manchmal aus dem Schlaf, sondern weckten auch ein etwas über ein Jahr altes Bärchen aus dem Winterschlaf. Auf der Suche nach Futter gelangte dieses irgendwie in die Umzäunung und auf die Veranda ihres Hauses. Dort frass es das Katzenfutter und setzte sich dann in die grosse Schale auf dem Geländer und tat sich am Vogelfutter darin gütlich. Als der herbeigezogene Wildhüter auftauchte, floh es auf einen Baum, von dem es Hermann mit seiner Kletterausrüstung wieder herunter holte.

Von der Mutter fehlte jede Spur. Möglich, dass das Kleine bereits im Herbst verwaist war. Vielleicht ist sie aber auch vor den Maschinen geflohen oder von diesen in der Winterhöhle erdrückt worden. Normalerweise bleiben Bärenkinder mit der Mutter zusammen bis sie 18 Monate alt sind. Vielleicht war es für das Bärlein ja ein Segen, aufgeweckt zu werden. So klein und leicht, wie es war, hätte es womöglich gar nicht überlebt, bis der lange Winter endlich vorbei war und es genügend Nahrung hatte. Das stark untergewichtige Weibchen wurde in einer Jungtier-Auffangstation aufgepäppelt. Die Schönbächlers durften ihm einen Namen geben und tauften es Cedar, nach der hier vorkommenden Baumart, die auf Deutsch Thuja heisst und deren Holz sehr leicht, aber dauerhaft ist... Ohne diese Intervention wäre Cedar mit Sicherheit gestorben, da noch viel Schnee lag und es keinerlei Futter für die Bären gab.

Im Sommer wurde Cedar dann wieder in die Freiheit entlassen...